Universal Poetic Connection

SARITA CHAUHAN

INDIA • SINGAPORE • MALAYSIA

ISBN 979-8-89186-373-6

Disclaimer

While every effort has been made to ensure the accurate translations, any human errors in the conversions of poems from one language to another in this poetry book are unintentional. The author, compiler or publisher shall not be held responsible for any discrepancies or misinterpretation that may arise from the translation process.

Acknowledgement

In compiling this anthology of poetry, all my love goes to my sons YASH, TRAYAKSH AND DEVARSH whose presence in my life paints endless inspiration, joy and support have enriched me and my life with deeper meaning and purpose – to my family for their unwavering support, friends who offered an empathetic ear and most of all to the myriad poets across the globe whose words kindled the flame of creativity and their trust in me made it possible. This collection stands as a testament to the shared human experience, emotions, and the profound beauty of language.

1.

Pain stuck when I'm alone
I cry because I am on my own
The tears, I cry are bitter and warm They just flow
with life but has no form

—Daisy Doky (US)

2.

Pain does not diminishes me
It flourishes in me
It spells costs with With whole its heart.

—Elena Pob (Atlanta)

3.

Pain is the love that forces me to seduce you
Take you into my world, mold and console you
Pain is the way you walked all over me.
And there was no cure!

—Isabel (Georgia)

4.

Umbilical cord connects you with me
Pain has given birth to a new,
A life breath
A Joy for life.

—Jenny Lyn (Japan)

5.

For you must pears, beyond bewildering years,
How little things of beloved may hurt but still are best
The windows of the world are blessed with tears,
The troubles are pain come like cloud bants from the west.

—Vicrotia (CA)

6.

No organic cause for your chrome conditions
Perhaps your feeling 'pleasurable pain'
That still haunt your subjective experiences
Lacking both under tawdry and have a missing chain.

—Andi Jons (Georgia)

7.

May be your pain is like a poem
A mystery to be enlivened opened
continuously solving a problem
commanding to cope up.

—Chanito (Phillipines)

8.

A agony, burden
A torture and sudden
A misery, distress
A twinge and that opposes.

—Chynna (Phillipines)

9.

Don't have a set date,
Don't know when it begins,
But ever so surely
It always comes and never go away.
—Sandara (Australia)

10.

Eyes overflowing
My heart growing
Itsbeen long time
Oh Pain! just stay.
—Dolaros John (Cuba)

11.

Its like a bee stung me
and is slowly glidesthoughmy soul,
My body barns liter cool,
I have to scream but all I control.
—Marcinis (US)

12.

What time was it
When I picked up
My pain and walked
Into thatan known space.
—Patricia Paul (US)

13.

Wild flowers, over grown grass
Multiple men, standing with foldedhands
Remembrance or grave of something
—Teresa (US)

14.

For flesh,
For tears,
Rusty and hollow
Like blunt edged spear.
—Liza (US)

15.

It must be something
Something futile
Little
Something worthwhile
—Maja Maine (CA)

16.

Tireless assiduity the black drop
Annoying swells of buzzing
Graves of pain
Violet, blue, orange and insane in you.
—Maricel (CA)

17.

On and on, round & round,
The game of sorrow & hurt goes on
Unable to run away
Every one is consumed with pain.
—Moro May (NZ)

18.

cry for help
citing compound
got you spell bound
with gruel some sound.
—Vanessa (US)

19.

Crushed spirit
Waiting to be uplifted
By love, peace
Goodness and comparison
—Prince Joy (Ottoman)

20.

Desperate search for happiness
Long my to be good
Endless fights of wounded soul
Darkened like black hole
—Catriona (Camay Island)

21.

When God sleeps does not the beloved sleep
In his arms? How can they attend my pain them
Being so much in love and shall I week
That she is great with stars? It is a sin.
—Chorice (Cantablane)

22.

Heaped up essences
The branches that clung
Wanting rise high up
But holding the tree.
—Lea Lame (US)

23.

Quiet drowned face
Cold and still
a grew like coo and
Strong, beautiful & bloomed
– Andrew Sheldon (Mexico)

24.

More faithful
Than relatives or relations,
It clutches to you
Calling itself by your name
As if there has been a ceremony
—Alexandar Orive (US)

25.

At times you just turn and him
Searching forth one position,
But through your may finally be at peace
It wakens ahead of you.
—Alexa Jam (US)

26.

Each incident adds it measures;
Your are pulled down by the weight,
Of your own skin
And it never seems to dissipate.
—Vie James (Australia)

27.

How do I hope?
How do I let go?
My body is screaming loud
With the thoughts filled like dark clouds.
—Nick Forman (Nerobie)

28.

Heart broken, I shill so on
Pieces lying alone
Where shall I busy than Little do I know?
—Nathalie (NZ)

29.

Pine sticking in me
Someone giving me bed voodoo
This smile disappears completely
overtakes my blue
Unleashing havoc on me
Coloring red in which I see
Thoris no circus without me
Being silly and hoppy for you
Tooting my horn and making you laugh
That's what clowns do.
—Robert R. Bradley (US)

30.

The tree under which two lovers set
Had a bright smiling face
The tree in whose front the shake live
Had always is pale sad face
—Hussein Hanasch (Kurdistan)

31.

Awakened to find
Myself greatly changed
What a sad trick of mind
Stroke my life rearranged.
—David Wangoner (US)

32.

Pain is the uncomfortable feeling in your solar plexus
It is here to teach you many lessons
Here to mold & shape you into the greatest version
of yourself imaginable the questions, will your let it.
—Christine Smuniewski (US)

33.

I felt something like raging fire
Its burning sleep and will not expire
Its like a weight that's on my chest
A burden that will never rest.
—Tiltas Tomny (CA)

34.

The sharpened blade
Which cuts me deep
And never fades
Linger on till late.
—Van Dolph (US)

35.

Peircing your soul
Finds a place
Rests on head
Builds a state.
—Vic James (Germany)

36.

Non controllable
Intrusive
Embedded
And heaving
—Jan Joe (Turkey)

37.

Alone your face
Keeps up with human race
With full power
Piercing deep into flower.
—Adisa (SA)

38.

The pain is broken heart
Wound that never part
Storm building inside
Which can't hide.
—Paulo Cody (USA)

39.

A raging sea of pain
Leaving it makes you free
A thorn that's in my side
Flower blooming far aside.
—Juan kill (Indonesia)

40.

A twindeled dream
Nightmare redeemed
A battle failed
All miss shaped.
—Villfredo (Phillipine)

41.

My heart is aching with deep, dark path,
That lingers on and never seems
Its source unknown, it's cause unclear
But it's a feeling that I hold so dear.
—Ronnie (Italy)

42.

Pain can be physical
As multiplies mentally
It takes away your joy
Leaves you feeling helpless totally.
—Zia Kidland (SF)

43.

The pain I feel is like a raging storm
It's like a tempest that will never be born
It's like a thorn that's in my side
A feeling that I cannot hide.
—Enrique Love (NJ)

44.

The pain I feel is like a broken chain
It's like a link that will never be regained
It's like a prison that I can't escape
A feeling that I can never shape.
—Dovely Taks (NY)

45.

The pain I feel is heavy load
It's like a burden that will not be bestowed
It's a thorn that's in my side
A nervous system that I cannot abide.
—Jacinto Campbell (CA)

46.

Shards of agony pierce the soul,
Etching shadows on tender hearts,
Whispering echoes of torment,
Through the chambers of life's labyrinth.
—Abena pooch (CA)

47.

In the storm's eye, we're torn asunder,
Grief and sorrow, the ceaseless rain,
A flood, unyielding, drowning us,
Silently, in the depths of despair.
—Abimbola Ade (Nigeria)

48.

Tender fingertips trace the lines,
Upon a map of pain unending,
A silent cry for reprieve, unheard,
Forever bound to a heart in chains.
—Lerato (NZ)

49.

Each breath, a battle fought and lost,
Searing fire inside, relentless,
Unyielding torment, a cruel dance,
In the ballroom of broken dreams.
—Mosi (Abu Dhabi)

50.

Nightmares paint the canvas of sleep,
Fear and anguish, our darkest hues,
As pain weaves a tapestry,
Of agony draped upon the soul.
—Lesidi Koontz (Bulgaria)

51.

Frost-kissed hearts, numb with bitterness,
Bound by chains of freezing torment,
In the abyss of sorrow, we dwell,
Yearning for warmth that will not come.
—Abdalla (Hungary)

52.

Searing moments, scarred by the flames,
Pain's crescendo in the symphony of life,
A chorus of anguish, a dirge of despair,
A melody of heartache, forever replayed.
—Faraji (Spain)

53.

In the garden of torment we sow,
Seeds of pain, watered by tears,
Blooming into petals of sorrow,
Each one a testament of our trials.
—Adwoe Poet (Peninsula)

54.

Fragments of dreams, shattered and strewn,
Scattered like leaves on the wind,
Glimpses of hope, unattainable,
Lost amidst the tempest of pain.
—Jabeni Joe James (South East Asia)

55.

In the caverns of suffering we dwell,
Hollow echoes of agony resound,
Our voices mere whispers, unheard,
In the darkness, we falter and fall.
—Bekele Hemingway (Canada)

56.

Wounds of the heart, eternal scars,
Invisible, yet felt, unyielding,
A symphony of silent anguish,
Played on the strings of the soul.
—Amara col (US)

57.

Shackled to the weight of our pain,
In a sea of torment, we drown,
Gasping for breath, we suffocate,
As the darkness consumes us whole.
—Cergerlether (US)

58.

Lonely stars in the void of night,
Each a glimmer of aching despair,
A cosmic dance of sorrow and pain,
In the vast and endless expanse.
—Edger Mily (Seattle)

59.

In the theater of suffering we play,
Performing acts of heartache and woe,
Beneath the stage lights of despair,
Our roles, a tragedy of pain.
—Balrohan (CA)

60.

Walls of ice encase the heart,
Fractured by the frost of despair,
Within, a frozen wasteland of pain,
A desolate landscape, barren and cold.
—Zara Ahmed (Dubai)

61.

Abyssal depths of sorrow we plunge,
Sinking in the ocean of pain,
Crushing pressure of anguish, immense,
As we descend into the darkness.
—Lemon Lou (Phillipines)

62.

Torrents of agony, cascading,
A relentless deluge of despair,
Caught in the flood, we struggle,
Against the tide of unyielding pain.
—Jolly Nini (Cairo)

63.

As the flames of torment devour,
We are reduced to ash and ember,
In the furnace of pain, we burn,
Consumed by the inferno of agony.
—By Nelle J (US)

64.

The relentless march of time,
A cruel waltz of pain and sorrow,
In the dance of despair we partake,
Spinning, twirling, ever entwined.
—David Marco (US)

65.

In the labyrinth of suffering we wander,
Lost amidst its twisted corridors,
Searching for solace, a respite,
From the torment of our existence.
—Shoiipree (US)

66.

The canvas of life, stained with pain,
A palette of anguish and despair,
Painted in shades of heartache and woe,
Our masterpiece of torment, unveiled.
—Dailsa (US)

67.

Fleeting whispers of agony's song,
An aria of sorrow, reverberating,
Through chambers of the heart, it haunts,
The echo of pain, relentless and fierce.
—Maria (US)

68.

In the library of torment we read,
Volumes of anguish, bound in despair,
Pages inked with the tears of our pain,
A collection of heartache and woe.
—Ligaga (Phillipines)

69.

Shadows of pain stretch across the soul,
An eclipse of sorrow, darkening,
In the twilight of our torment, we stand,
Dimmed by the ever-present gloom.
—Althea (US)

70.

The hourglass of anguish, unyielding,
Grains of sorrow, slipping through time,
A testament to our eternal pain,
As the sands of despair continue to fall.
—Sophia M (US)

71.

In the garden of heartache we walk,
Thorns of torment, piercing and cruel,
Each step, a dance with agony,
As we tread upon the path of pain.
—Reyna Hover (US)

72.

Desert of sorrow, arid and vast,
A wasteland of suffering, unending,
Our tears, like rain, evaporate,
In the scorching heat of torment's sun.
—Cesar (US)

73.

A tapestry of torment, we weave,
Threads of anguish, entwined and bound,
In the loom of despair, we toil,
A fabric of heartache, taking form.
—Amor (CA)

74.

As we traverse the chasm of pain,
The winds of torment, relentless blow,
Tears stream from our eyes like rain,
On the bridge of sorrow, we falter.
—Monola (US)

75.

The fortress of pain, unbreakable, Its walls,
impenetrable, cold,
Within, we dwell, imprisoned,
By the shackles of our own despair.
—Corazon (US)

76.

In the forest of torment, we wander,
Branches of anguish, twisted and gnarled,
Lost amidst the shadows of pain,
Searching for solace, yet finding none.
—James Kettie (US)

77.

A sonnet of sorrow, etched in pain,
Each verse, a testament of our agony,
In the ink of despair, we write,
A declaration of our unyielding woe.
—John Mason (US)

78.

A cascade of tears, relentless,
Flowing from the wellspring of our pain,
In the river of sorrow, we drift,
Carried away by the current of despair.
—Daniel Fose (US)

79.

In the valley of heartache, we dwell,
Surrounded by the mountains of pain,
Each peak, a monument to our torment,
As we wander the desolate expanse.
—Joe (NZ)

80.

In the caverns of despair, we search,
For the elusive gem of solace,
Amidst the darkness of our pain,
Glimmers of hope, fleeting and rare.
—Angelo (Mexico)

81.

The sands of sorrow, shifting, relentless,
A desert of despair, unforgiving,
In the sweltering heat of pain, we falter,
Desperate for an oasis of reprieve.
—Jacob Nuts (Mexico)

82.

The labyrinth of heartache, unending,
Winding passages, filled with despair,
A journey of torment, we undertake,
Seeking an escape from the twisted maze.
—Andrea Uzpa (SF)

83.

As we drift on the sea of sorrow,
Waves of pain, crashing, unforgiving,
In the tempest of torment, we struggle,
Desperately seeking the shore of solace.
—Nathan (SF)

84.

In the realm of anguish, we reside,
Bound by the chains of our suffering,
A kingdom of pain, ruled by despair,
Our subjects, the shadows of heartache.
—Anna P (SF)

85.

A cascade of emotions, unending,
Each tear, a torrent of heartache,
In the waterfall of despair, we stand,
Immersed in the flow of our pain.
—Paul the Poet (Australia)

86.

A garden of sorrow, we cultivate,
Planting seeds of pain, deep within,
As we nurture the growth of despair,
Our harvest, a bounty of heart
—Homer (Houston)

87.

Chiseled by the hands of torment,
A sculpture of pain, we become,
Carved from the marble of despair,
An eternal testament to our suffering.
—Heather Dam (SA)

88.

In the tempest of heartache, we sail,
Navigating the treacherous waters,
Battered by the waves of anguish,
Our compass, a beacon of elusive hope.
—Kertie (London)

89.

A mosaic of pain, shattered and scattered,
Broken pieces, a reflection of sorrow,
In the mirror of despair, we gaze,
A portrait of heartache, fragmented.
—Percy (US)

90.

The sands of sorrow, slipping through,
A relentless countdown of pain,
In the hourglass of despair, we watch,
The passage of time, unyielding.
—Garner Steve (Dallas)

91.

As we ascend the mountain of torment,
The summit of sorrow, ever distant,
Through the clouds of despair, we climb,
Seeking solace from the heights of pain.
—Nommy (CA)

92.

In the shadows of anguish, we linger,
Silent phantoms, obscured by pain,
Wrapped in the cloak of despair,
Our existence, a haunting specter.
—Ester Tor (CA)

93.

On the wings of torment, we soar,
Glide through the winds of despair,
A flight of sorrow, boundless and free,
In the boundless sky of our pain.
—Umane (Africa)

94.

A symphony of sorrow, we compose,
The crescendo of pain, ever rising,
Our instruments, attuned to despair,
A melody of heartache, resounding.
—Veronica West (SF)

95.

The fortress of pain, unyielding,
Its walls, impenetrable, cold,
Within, we dwell, ensnared,
By the shackles of our own torment.
—Maria (US)

96.

"Unbearable emotions from the heart
Deeply rooted even from the mind
Feeling hard to express and to restart
Tragic memories from behind....

—Veronica Roma Pingol (Nightbutterfly) (Philippines)

97.

Pain rains cry
In applaud of sorrow
Shot like an arrow
To bleed heart ache

—Azeez Surajudeen Olatunde (Nigeria)

98.

Your pains: my harbor:
The reason I labor.
Your alter my delusion of grandeur,
And put my soul in splendor!

—Akade Emmanuel, (Nigeria)

99.

No one will ever understand my excruciating emotional torments, pains and distress
Nor the anonymous ruthless monster call depression I battle each night
As long as there's no blood nor cut nor any conspicuous harbinger of stress
I'm believed to be that strong vivacious girl full of life and might.

—Flourish Oke (Nigeria)

100.

An alien entity. Inhabiting the space I am in,
This thing threatens my very being, demands attention.
I'm turn turning away from myself...
This pain within my head is naught but an addiction.

—Florence Rasmussen (UK)

101.

A new door opens with all pain,
If we remain calm and sane,
Not indulge in self-pity in vain,
Master our mind in order to gain.

—Jyotirmaya Thakur (UK)

102.

Those unspoken words are still on my lips.
And my pen didn't bleed on white page.
To vies, I still can't climb to peaks or cliffs.
Still imprisoned in locks, still imprisoned in cage.

—Gul Bakhti (Pakistan)

103.

Matter dolorosa
At the hour of her son's death, her heart in deep sorrow mourned.
In her silence, took the humiliation with which her son the public scorned.
With greatest pain from within spring forth her wondrous love.
For, in the beginning, she surrendered to the will of God from heaven above.

—Ivan D. Villaluz (Philippines)

104.

An immoral pain stabbing into both our flanks
Whomever we love, a greenish violet cliff grabs our way
I make daunted calls to myself having gone long time ago
Savage birds mow down every scream I shout.

—Fadil Oktay (Ankara)

105.

We had our lively feelings sealed
Without a living seed
That would have yeilded some fruits
Of justification of the truth.

—Ikade Iorhile Emmanuel (Benue State)

106.

You renew yourself in good time for the spring.
Though frost has starched the grass much too long.
Beyond the marshes the high tides boom and bang.
Mouthing sea words before most birds sing.
—James Sutherland-Smith (Slovakia)

107.

Enchants entire existence, engrosses my mind
Elegant exuberant, your expressive eyes..
Expresses the emotion, easier and kind
Evokes the exigency...your ocean eyes
—Som Majumdar (Kolkatta)

108.

Pain is like a baby
In my arms,
I nurture her
With all my heart....
—Bharati Hazarika (Gauhati)

109.

Hidden in psyche of human beings Pain is always
like petrichor musk. Torrential deluge of painful
things Blazing it comes from dawn to dusk.
—Meenu Lodha (Mumbai)

110.

Your moonlight shivers of cold, embrace my warm sun
Meet me someday at twilight,
You and me and none
An exquisite amalgam, sublime
Nature's fun
Let the stars witness our love, amorous union.

—Kumar Malay (Bhagalpur, Bihar)

111.

Gazing at shattered dreams.
Grueling pain screams.
Days that departs, never returns.
In blazing inferno, easel of emotions burns.

—Gurjeet Kaur Ghuman (J&K)

112.

"Agony grips my soul,
Each breath a struggle to endure,
Pain a constant, unwelcome guest,
Robbing me of peace, of surety, of more."

—Sanjeev K. Sharma (Meerut-India)

113.

The pain was growing with the years
Until I learned to balance it with smiles
My gushing tears had stopped flowing
My heart went emotionless and stopped experiencing.

—Dr. Harmeet Kaur Bhalla (Kanpur-India)

114.

Tears cascade like a waterfall,
A deluge of emotions unleashed,
As the heart trembles, so fragile,
Beneath the weight of love and loss.

—Isha (Delhi)

115.

In the twilight of our memories,
We wander, lost in the shadows,
Yearning for the warmth of yesteryears,
When joy and love illuminated the dark.

—Ishita Sharma (Delhi)

116.

The nightingale sings a mournful tune,
A serenade to the moon, forlorn,
As the stars weep for their fallen kin,
In the vast and silent expanse of night.

—Kaladeep (Bengaluru)

117.

A garden of wilted roses, we tend,
Their petals, like tears, fall to the earth,
Once vibrant and full of life, now,
A testament to the transience of love.

—Miranjankavi (Chennai)

118.

Whispers of heartache, carried on the wind,
Echoes of love, once cherished and true,
Now the remnants of a dying flame,
Flickering in the embers of our souls.
—Rahul Jain (Pune)

119.

In the gallery of our shared past,
Portraits of love and laughter hang,
A testament to the joy once known,
Now obscured by the veil of sorrow.
—David D'Souza (Kerala)

120.

Tides of emotion ebb and flow,
As the sands of time slip away,
Once a vibrant shoreline of love,
Now a barren coast of despair.
—Paras Pratap (MP)

121.

In the cocoon of our pain, we dwell,
Wrapped in the shroud of heartache,
Longing for the metamorphosis,
To emerge from the chrysalis of sorrow.
—Ranjana Rao (Bengaluru)

122.

As the sun sets on our love,
The horizon, painted with tears,
We watch the fading light, mournful, As the
darkness of loss consumes us.
—Munmun (Kolkata)

123.

On the precipice of heartache, we stand,
Gazing into the abyss of despair,
Longing for the warmth of love's embrace,
As the chilling winds of loss buffet us.
—Priyas Singh (Lucknow)

124.

A sonnet of sorrow, etched in our hearts,
Each verse, a testament to our love,
In the ink of our tears, we write,
A declaration of our unyielding grief.
—Vijay M (Chennai)

125.

In the embrace of sadness, we linger,
Consumed by the shadow of loss,
The cold touch of despair, unyielding,
As we yearn for the warmth of love.
—Megha Yadav (Tn)

126.

Ghosts of our past, haunting memories,
Ephemeral wisps of love and joy,
Fleeting moments, now lost to time,
As we traverse the landscape of sorrow.
—Viresh Kumar (Hubli)

127.

The veil of sorrow, draped upon us,
Obscuring the light of love and joy,
As we navigate the darkness, we yearn,
For the warmth of our past embrace.
—Lovely Gangwani (Hyderabad)

128.

The storm of our emotions rages,
Lightning strikes, a flash of despair,
As the thunder of our heartache,
Resounds through the tempest of loss.
—Saroj Doshi (Hyderabad)

129.

Petals of sadness, scattered and strewn,
A carpet of heartache, we tread upon,
The fragrance of love, now faded,
As we wander through the garden of grief.
—Seema Bhargava (Rajasthan)

130.

In the embrace of night, we find solace,
A sanctuary from the pain of loss,
The blanket of darkness, a balm,
To soothe our shattered and weary hearts.
—Disha Sonkar (Selam)

131.

As the sands of time, relentless, flow,
The river of our love, once vibrant,
Now reduced to a trickle of memories,
In the parched landscape of our sorrow.
—Yogendra Tomar (UP)

132.

The weight of our sadness, crushing,
A burden we bear, as we stumble,
Searching for the light of solace,
In the dim expanse of our heartache.
—Sarika (UP)

133.

In the theater of our emotions, we perform,
A tragic play of love and loss,
As the curtains of despair are drawn,
We take our final, sorrowful bow.
—Brijesh (UP)

134.

On the shores of heartache, we wander,
Collecting the shells of our memories,
A poignant reminder of the love,
That once flourished, now washed away.
—Sarah Author (Seattle)

135.

The chalice of our sorrow, overflowing,
An elixir of heartache and despair,
As we drink deeply of our pain,
We find solace in the bitter taste.
—Manoj Laal (UP)

136.

In the arms of the night, we cradle,
The remnants of our love, now cold,
As the stars weep for our sorrow,
Their tears illuminate the dark.
—Avinash Badola (Bengaluru)

137.

The echo of our laughter, now silent,
As the walls of our happiness crumble,
Amidst the ruins of our love, we search,
For the foundation of our once-shared joy.
—Manisha Agarwal (Hyderabad)

138.

The labyrinth of our emotions, we traverse,
Each turn, a new path of sorrow and pain,
As we seek the solace of love's warmth,
In the twisted corridors of our heartache.
—Amarpal (Punjab)

139.

The pages of our story, tear-stained,
A chronicle of love and loss, we write,
As the ink of our grief flows,
We pen our farewell to happiness.
—Rupali Das (Kolkata)

140.

A requiem for our love, we compose,
The melody of our heartbreak, haunting,
As the notes of our sorrow resound,
We mourn the loss of our once-shared joy.
—L Hawkins (Italy)

141.

In the depths of our despair, we dwell,
Submerged in the ocean of our pain,
As we struggle for the surface,
We gasp for the air of solace and peace.
—Subu Mathew (Kerala)

142.

The chains of our grief, unyielding,
Bound to the weight of our heartache,
As we struggle to break free,
From the shackles of our love's demise.
—Sarthak Nodiyal (Tripura)

143.

The chrysalis of our pain, we embrace,
As we yearn for the wings of healing,
To emerge, transformed and renewed,
From the depths of our sorrow
—Mehul (Haryana)

144.

In the caverns of our sorrow, we wander,
Searching for the elusive spark of hope,
Amidst the darkness of our heartache,
Glimmers of solace, faint and rare.
—Jaisingh (Gwalior)

145.

The pendulum of our emotions, swaying,
In the clockwork of our pain, it swings,
As the hands of time, relentless, turn,
We bear witness to the passage of love.
—Miteo Manak (Sikkim)

146.

The maelstrom of our grief, unrelenting,
A vortex of emotions, consuming us,
As we struggle against the current,
Desperate for the anchor of hope.

—Garima (UP)

147.

In the temple of our heartache, we kneel,
Offering prayers to the gods of love,
Seeking solace in their divine embrace,
As we lay our grief at their altar.

—Ria (UP)

148.

The tree of our love, now withered,
Its branches, barren and devoid of life,
As we cling to the memories of its bloom,
We mourn the passing of its vibrant hues.

—Uday Roy (Delhi)

149.

The ashes of our happiness, scattered,
As the winds of change carry them away,
In the wake of our love's demise,
We search for solace in the remnants.

—Hemal (Gujarat)

150.

On the wings of our grief, we soar,
Ascending through the storm of our pain,
Seeking solace in the heavens above,
As we navigate the turbulence of loss.
—Wahid Khan (J&K)

151.

In the arms of melancholy, we cradle,
Our fragile hearts, bruised and battered,
The remnants of a love once cherished,
Now a collection of tears and memories.
—Simarjeet (Punjab)

152.

The veil of our sorrow, a shroud,
Enveloping us in the darkness of pain,
As we search for the light of solace,
In the shadows of our heartache.
—Boni (Delhi)

153.

A symphony of grief, we conduct,
The crescendo of our sorrow, ever rising,
Our instruments, attuned to the ache,
A haunting melody of heartbreak and loss.
—Hriday Verma (Delhi)

154.

Hungry fire in his belly,
Could not let him sleep
At morning, the death of hunger
Made him sleep forever
—Sharadh (Bengaluru)

155.

Tearful to many
Tearing souls and lives apart
Some say sweet
I was never able to comprehend.
—Sai Prakash (Kantamukkala India)

1.

अकेला होकर दर्द मेरे संग अटक जाता
मैं रोता हूँ, अपनी तन्हाई में बसता
आंसू गर्म, कड़वे, पर बहते जाते
जीवन के संग बहते, पर आकार ना पाते
—डेज़ी (डोकी)

2.

दर्द मेरी कमी नहीं, बल्कि समृद्धि
मेरे भीतर हर पल बस फलता, पलता
दिल से दर्द की कीमत लिखता है
सच बिना किसी भ्रम के दिखता है
—एलेना पोब (अटलांटा)

3.

दर्द ही वो प्रेम है, जो मुझे बाँधे
तुमको सम्मोहित कर, मेरी दुनिया में लाये
दर्द वही है जब तुम मेरे ऊपर चलते
और इसका कोई इलाज नहीं, दिल बहलते
—इज़ाबेल (जॉर्जिया)

4.

गर्भनाल से तुम और मैं बंधे हुए
दर्द ने जन्म दिया नई उमंग को
एक जीवन श्वास, जो जीवन को सजाए
खुशियों का संगम, जीवन में आये

—जेनी (लिन)

5.

तुम्हें पार करना होगा, उलझे हुए वर्षों के पार
प्रिय की छोटी-छोटी चीज़ें दर्द होते हैं, पर अच्छी लगती हैं
दुनिया के खिड़कियों पर आंसू बरसते हैं, धन्य होते हैं
मुश्किलें दर्द की तरह आती हैं, पश्चिम से बादल की तरह

—विक्रोटिया (सी.ए.)

6.

तुम्हारी क्रोम स्थितियों का कारण जैविक नहीं
शायद तुम 'सुखद दर्द' महसूस कर रहे हो
वह अभिव्यक्ति जो तुम्हारी व्यक्तिगत अनुभवों को सताती है
तुच्छता के नीचे कमी होती है और एक खोया हुआ श्रृंखला

—ऑँडी जॉन्स (जॉर्जिया)

7.

हो सकता है तुम्हारा दर्द एक कविता की तरह हो
एक रहस्य जो सजीव हो, लगातार खुला हो
निरंतर समस्या हल करते हुए, संभालने के लिए कहता हो
—चनितो (फिलीपींस)

8.

एक व्यथा, बोझ
एक यातना और अचानक
एक दुःख, संकट
एक चुभन और विरोध
—चिना (फिलीपींस)

9.

तारीख़ का कोई ठहराव नहीं,
शुरू होते समय की खबर नहीं, परन्तु निश्चित रूप से
यह हमेशा आता है और कभी नहीं जाता।
—संदरा (ऑस्ट्रेलिया)

10.

आँखें लबालब, मेरा दिल बढ़ता
बहुत समय हो गया, हे दर्द! बस रहना।
—डोलारोस जॉन (क्यूबा)

11.

ऐसा लगता है जैसे मधुमक्खी ने काटा
और धीरे-धीरे मेरी आत्मा में फिसलता।
मेरी शरीर को ठंड और जलान होती है,
चिल्लाना चाहता हूँ, पर सब कुछ संभालता।
—मार्किनिस (अमेरिका)

12.

किस समय था वह
जब मैंने अपने दर्द को उठाया
और उस अज्ञात स्थान में चला।
—पैट्रिशिया पॉल (अमेरिका)

13.

जंगली फूल, घना घास
अनेक पुरुष, हाथ जोड़े खड़े
याद या किसी चीज़ का स्मरण
—टेरेसा (अमेरिका)

14.

मांस के लिए, आंसू के लिए,
जंग लगा हुआ और सुना हुआ
निशाने बाज की धार जैसा।
—लिज़ा (अमेरिका)

15.

कुछ तो होगा, कुछ व्यर्थ होगा,
अल्प संख्या में, लेकिन कीमती
—माया मेन (कनाडा)

16.

थकने वाली लगातार काम करने वाली काली बूंद,
परेशान करने वाली सूजन और गुंजाइश,
बैंगनी, नीला, नारंगी और तुम में पागल।
—मेरिसेल (कनाडा)

17.

चलते रहता है, गोल और घूमते रहता है,
दुःख और चोट का खेल चलता रहता है,
भाग नहीं सकते,
हर कोई दर्द में डूबा।
—मोरो मेय (न्यूजीलैंड)

18.

मदद की पुकार
यौगिक संदर्भ
तुम्हें वशीभूत करता है
कठोर ध्वनि से।
—वनेसा (अमेरिका)

19.

तोड़ी हुई आत्मा
उद्धार की प्रतीक्षा में
प्रेम, शांति, भलाई
तुलना द्वारा।

—प्रिंस जॉय (ओटोमन)

20.

सुख की बेचैन खोज
अच्छा होने की इच्छा
घायल आत्मा की अनंत लड़ाई
काले छिद्र के रूप में अंधेरे।

—कैट्रियोना (कामे द्वीप)

21.

जब भगवान सोते हैं, क्या प्रिय सोते हैं
उनकी बाहों में? वे मेरे दर्द को कैसे संभालेंगे
प्रेम में इतना, और क्या मैं सप्ताह गुजारूं
वह तारों के साथ गर्भवती है? यह एक पाप है।

—चोरीस (कांताबलेन)

22.

ढेर लगाए गए सार
वे शाखाएँ जो लिपटी हुई थीं
ऊंचाई तक पहुँचने की चाह
पर वृक्ष को ही थामे।
—लिया लेम (अमेरिका)

23.

शांत डूबता हुआ चेहरा, ठंडा और स्थिर,
एक उगता हुआ कूँज, बलवान, सुंदर और खिला।

24.

और भी वफादार,
रिश्तेदारों या संबंधियों से अधिक, यह तुमसे लिपटती है,
खुद को तुम्हारे नाम से पुकारती है,
मानो कोई समारोह हुआ हो।
—अलेक्ज़ेंडर ओरिवे (अमेरिका)

25.

कभी-कभी तुम बस मुड़ जाते हो और उसे ढूंढते हो, एक स्थिति की खोज में,
परंतु अंततः तुम्हारे माध्यम से शांति प्राप्त हो सकती है, यह तुम्हारे आगे जाग उठती है।
—अलेक्सा जाम (अमेरिका)

26.

प्रत्येक घटना इसे मापती है; तुम्हारे अपने ही त्वचा के भार से
तुम्हें नीचे खींचा जाता है,
और यह कभी प्रतीत नहीं होता है कि वह कम हो रहा है।
—वी जेम्स (ऑस्ट्रेलिया)

27.

मैं कैसे आशा करूं? मैं कैसे छोड़ दूं?
मेरा शरीर जोर से चिल्ला रहा है,
बादलों की तरह घने विचारों से भरा।
—निक फॉर्मन (नेरोबी)

28.

दिल टूटा, मैं ऐसे ही बिखरे हुए टुकड़ों पर शील बना रहा हूं,
कहां मैं व्यस्त रहूं, इसकी थोड़ी सी जानकारी है मुझे।
—नथली (न्यूज़ीलैंड)

29.

चिलगोजा मेरे अंदर चुभता है,
कोई मुझे बिस्तर वूडू दे रहा है, यह मुस्कान पूरी तरह गायब हो जाती है,
मेरे नीले को परास्त करती है, मेरे ऊपर विनाश ढ़ा रही है।
मैं जिसमें लाल रंग देखता हूं, वह मेरे बिना सर्कस नहीं है, तुम्हारे लिए मैं मूर्ख और उछलता हूं,
मेरी हॉर्न बजाकर तुम्हें हंसाना, यही करते हैं जोकर।
—रॉबर्ट आर. ब्रैडली (अमेरिका)

30.

वह पेड़ जिसके नीचे दो प्रेमी बैठते थे, उसका चेहरा हमेशा मुस्कराता था,
वह पेड़ जिसके सामने हिलने वाले जीवित रहते थे, उसका चेहरा हमेशा फीका और दुःखी था।

—हुसैन हनाश (कुर्दिस्तान)

31.

जागा हुआ पाया खुद को
बड़े परिवर्तित होकर।
कितना दुखद मन का एक यह खेल है
मेरे जीवन को बदल दिया।

—डेविड वैगोंस (यूएस)

32.

दुख वह असहज अहस्तकोण में महसूस होता है
यहां यह आपको कई सबक सिखाने के लिए है
यहां यह आपको उस सबसे श्रेष्ठ संस्करण में बनाने के लिए है
प्रश्न है, क्या आप इसे छोड़ेंगे।

—क्रिस्टीन स्मूनिवेस्की (यूएस)

33.

मैंने कुछ ऐसा महसूस किया जैसा कि रेजिंग आग हो
इसकी जलती नींद और यह समाप्त नहीं होगी
यह मेरी छाती पर एक भार है
जो कभी आराम नहीं करेगा।

–टिल्टासटॉमनी (कैनेडा)

34.

तेज़ तलवार जो मुझे गहरे काटती है
और कभी नहीं मिटती
देर तक बनी रहो।

–वैन डॉल्फ (यूएस)

35.

आपकी आत्मा को छेदना
एक स्थान पा लेता है
सिर पर आराम करता है
राज बनाता है।

–विक जेम्स (जर्मनी)

36.

नॉन कंट्रोलेबल
दृश्यमुक्त
और उठाता हुआ

–जैन जो (तुर्की)

37.

अकेले तुम्हारा चेहरा
मानव दौड़ के साथ कदम मिलाता है
पूरी ताकत के साथ
फूल में गहरे में घुस जाता है।
—अदीसा (दक्षिण अफ्रीका)

38.

दर्द टूटा हुआ दिल है
जो कभी नहीं हटेगा
अंदर बन रही तूफान
जो छुपा नहीं सकता।
—पाउलो कोडी (यूएसए)

39.

एक क्रुद्ध समुद्र का दर्द
इसे छोड़ना तुम्हें मुक्त कर देता है
मेरी पक्ष पर एक कांटा
दूर फूलने वाला है।
—जुआन किल (इंडोनेशिया)

40.

एक ट्विंडलेड सपना
कोड़ा मुक्त किया गया एक लड़ाई
सभी गलत रूप से बने हैं
—विल्फ्रेडो (फिलीपींस)

41.

मेरा दिल गहरे, अंधेरे पथ के साथ दुख रहा है
जो कभी समाप्त नहीं होने वाला लिंगर करता है
इसका स्रोत अज्ञात है, कारण अस्पष्ट है
लेकिन यह एक ऐसा अहसास है जो मैं इतना प्रिय रखता हूँ।

–रॉनी (इटली)

42.

दर्द शारीरिक हो सकता है
और मानसिक रूप से अनेकगुणा हो सकता है
यह आपकी खुशी छीन लेता है
आपको पूरी तरह से बेबस कर देता है।

–जिया किडलैंड (एसएफ)

43.

जो दुख महसूस करता हूं वह एक क्रुद्ध तूफान की तरह है
यह एक आंधी है जो कभी भी नहीं होगी
यह वह कांटा है जो मेरी पक्ष पर है
एक ऐसा अहसास जो मैं छुपा नहीं सकता।

–एन्रिके लव (न्यूज़ीलैंड)

44.

जो दुख महसूस करता हूं वह एक टूटे हुए सिरस्की है
यह एक लिंक है जो कभी भी पुनः प्राप्त नहीं होगा
यह वह कैद है जिससे मैं बाहर नहीं निकल सकता
एक ऐसा अहसास जो मैं कभी नहीं बना सकता।

—डोवेलीटैक्स (न्यूयॉर्क)

45.

जो दुख महसूस करता हूं वह भारी बोझ है
यह एक बोझ है जो कभी नहीं दिया जाएगा
यह वह कांटा है जो मेरी पक्ष पर है
जिसे मैं सहन नहीं कर सकता हूँ।

—जसिंटो कैम्बल (कैलिफोर्निया)

46.

दुख के शार्ड जीवन को चुभते हैं
नरम हृदयों पर छाया बनाते हैं
पीड़ा की गूंथ लबीरिंथ के कमरों के माध्यम से
तंग की गुहारों की चुप्पी।

—अबेना पूच (कैनेडा)

47.

तूफान की आंख में, हम अलग हो रहे हैं
दुख और दुःख, अथक बारिश
एक बाढ़, अकंपनी, हमें डूबा रहा है
चुपचाप, निराशा के गहराईयों में।
—अबिम्बोला आड़े (नाइजीरिया)

48.

नरम उंगलियाँ रेखाएं खींचती हैं
दुःख के बिना अनंत में
रिहा के लिए एक चुप क्राइ
श्रवण होने वाले हृदय से सदैव बंधा है।
—लेरातो (न्यूजीलैंड)

49.

प्रत्येक सांस, एक युद्ध लड़ा और हारा गया
अंदर दहनी आग, निरंतर
अविनाशी पीड़ा, एक क्रूर नृत्य
ब्रोकन ड्रीम्स के बॉलरूम में।
—मोसी (अबु धाबी)

50.

बुरे सपने सोने के तारे पर चित्रित करते हैं
भय और व्यथा, हमारे सबसे काले रंग
क्योंकि दर्द एक टैपेस्ट्री बुनता है
पीड़ा का, आत्मा पर डाला हुआ।

—लेसिडी कूंट्ज (बुल्गारिया)

51.

ठंड से छूआ हुआ दिल, कड़वाहट से अनुभूत,
ठंड की पीड़ा की रस्सियों में बँधे,
दुःख की अजब गहराई में, हम बसे हैं,
जो आने वाला गरमी की तमन्ना है, वह नहीं आएगी।

—अब्दुल्ला (हंगरी)

52.

जलते पल, आग के निशानों से चिन्हित,
जीवन के सिम्फ़नी में दर्द की उच्च स्वर,
पीड़ा का कोरस, निराशा की वील,
दुख की मेलोडी, सदैव पुनः चलाई जाती है।

—फराजी (स्पेन)

53.

पीड़ा के बगीचे में हम बीज बोते हैं,
आँसुओं से सिरसिरे किए जाते हैं,
दुःख के पुष्पों में खिलने वाले,
प्रत्येक एक हमारे परीक्षण का साक्षात्कार है।
—आद्वो पोएट (पेनिन्सुला)

54.

सपनों के टुकड़े, टूटे हुए और बिखरे हुए,
हवा में पत्तों की तरह बिखरे,
आशा के झलक, अप्राप्य,
दुख के आंधी में खो गए।
—जबेनी जो जेम्स (दक्षिण पूर्व एशिया)

55.

दुख की गुफाओं में हम रहते हैं,
आफ़ताब के अहित में पीड़ा की गूंथ,
हमारी आवाज़ें केवल फिस्फिसाएं, अनसुनी,
अंधकार में, हम हिचक जाते हैं और गिरते हैं।
—बेकेले (हेमिंगवे)

56.

दिल के घाव, शाश्वत चोटें,
अदृश्य, फिर भी महसूस किए जाने वाले,
एक मौन दुख का संगीत,
आत्मा के तारों पर बजाया गया।
—अमारा कोल (यूएस)

57.

हमारे दुख के भार से जड़े,
तकलीफ के सागर में हम डाउन हैं,
श्वास के लिए चहकते हैं, हम अस्तित्व के इस काले से समाहित होते हैं,
जैसे कि अंधकार हमें पूरी तरह भक्षित करता है।
—सर्गलेथेर (यूएस)

58.

रात के शून्य में अकेले तारे,
प्रत्येक एक दुःखभरी अवस्था का चिराग,
दुःख और पीड़ा की नृत्यमंडली,
बहुत और अनंत समुद्र में।
—एजर मिली (सिएटल)

59.

दुःख के थिएटर में हम नाटक करते हैं,
दुःख और विषाद के कार्यों का प्रदर्शन करते हैं,
निराशा के स्टेज लाइट्स के नीचे,
हमारे रोल, एक दुख का नाटक है।

—बालरोहन (सीए)

60.

हृदय का बर्फबराद करने वाले दीवारें,
उम्मीद की थंबी द्वारा विच्छिन्न,
भीतर, दुख की एक शीतल भूखंड,
एक अनूठी भूखंड, व्यापारी और ठंडा।

—ज़ारा अहमद (दुबई)

61.

दुःख के अबिस्सल गहराई में हम डुबकी मारते हैं,
दुख के समुद्र में गोता घात से,
विद्रोही कंगालता, अत्यंत दुःख की क्रशिंग दबाव,
जैसे हम अंधकार में अवनति हो रहे हैं।

—लेमन लू (फिलीपींस)

62.

दुख की बौछार, झरने वाली,
अनिरंत निराशा का जलधारा,
बाढ़ में फंसे, हम संघर्ष करते हैं,
अनुभव के अनहद दुःख की ओर।
—जॉली नीनी (कायरो)

63.

जैसे कि दुख के आग का भोजन करते हैं,
हम राख और एम्बर में घटित हो जाते हैं,
दुख के भगवान में, हम जलते हैं,
दुख की अग्नि द्वारा भस्मित होते हैं।
—बायेनेले जे (यूएस)

64.

समय का निरंतर रवाना,
दर्द और दुःख की वाल्ट्ज़, क्रूअल,
उदासी के नृत्य में हम भाग लेते हैं,
स्पिनिंग, ट्विर्लिंग, सदैव प्रवृत्त हैं।
—डेविड मार्को (यूएस)

65.

दुख के दारिया में हम भटकते हैं,
उसके टेढ़े करीदों में हरिताक्षित,
सांत्वना की खोज, एक विराम,
हमारे अस्तित्व की पीड़ा से।

—शोइप्री (यूएस)

66.

जीवन की चढ़ाई, दुख से रंगी हुई,
एक दुःख और विषाद की पैलेट,
दुख और विषाद के शेडों में पेंटेड,
हमारी पीड़ा का महाकवि, प्रकट।

—डेल्सा (यूएस)

67.

दुख के सांग की क्षणिक बिस्वर,
शोक का एक आरिया, पुनरावृत्ति,
हृदय के कमरों में, यह पीड़ा का गर्जना,
दुख का गोंग, अविरत और बड़ाईगी।

—मारिया (यूएस)

68.

दुःख के ग्रंथागार में हम पढ़ते हैं,
निराशा में बंधित दुख के खंड,
हमारे दुःख की आँसुओं से संदर्भित पन्ने,
एक दुख और विषाद का संग्रह।
—लिगागा (फिलीपींस)

69.

दुख की छायाएँ आत्मा पर फैलती हैं,
एक दुख का सूर्यग्रहण, अंधकार को गहरा करता,
हमारे दुःख के तंत्र में, हम खड़े होते हैं,
हमेशा मौजूद अंधकार से कम हो जाते हैं।
—आल्थिया (यूएस)

70.

दुख का घड़ीची, अनुचित,
दुःख की दाना, समय से सिरकता,
हमारे शाश्वत दुख का साक्षात्कार,
जैसे कि उदासी के रेत जारी रहते हैं।
— सोफ़िआ एम (यूएस)

71.

दिल के बगीचे में हम चलते हैं,
कड़ी, कड़ी छायें, छूभती और क्रूर,
प्रत्येक कदम, एक पीड़ा का नृत्य,
जैसा कि हम दुख के मार्ग पर कदम रखते हैं।

—रेना हवर (यूएस)

72.

दुख का रेगिस्तान, शुष्क और विशाल,
एक पीड़ा का क्षेत्र, अनंत,
हमारी आंसू, बर्फ की तरह उबाल जाते हैं,
पीड़ा के सूरज की ज्वाला में।

—सेसर (यूएस)

73.

पीड़ा का चित्रशाला, हम बुनते हैं,
पीड़ा की धारा, बाँधी और जड़ी,
निराशा के तकिये में, हम मेहनत करते हैं,
एक दुखद कपड़ा, रूप लेता है।

—आमोर (सीए)

74.

जैसे हम पीड़ा के अखाड़े का भ्रमण करते हैं,
पीड़ा की हवाएं, निरंतर बहती हैं,
आंसू हमारी आंखों से बरसते हैं जैसे बारिश,
दुख के पुल पर, हम हिचकिचाएं।
—मोनोला (यूएस)

75.

पीड़ा का किला, अटूट,
इसकी दीवारें, दुर्गम, ठंडी,
भीतर, हम रहते हैं, बंदी,
अपने आत्मनिर्भरता की कड़ियों से।
—कोराज़ॉन (यूएस)

76.

पीड़ा के जंगल में, हम भटकते हैं,
पीड़ा की शाखाएँ, टेढ़ी और चरबी,
पीड़ा की छाया में हारे हुए,
सुकून की खोज में, फिर भी कुछ नहीं पा रहे हैं।
—जेम्स केटी (यूएस)

77.

एक दुख का सोनेट, दर्द में उकेरा गया,
प्रत्येक छंद, हमारी पीड़ा का साक्षात्कार,
निराशा की स्याही में, हम लिखते हैं,
हमारे अड़ंगे दुख का एक घोषणा।

—जॉन मेसन (यूएस)

78.

आंसूओं का झरना, निरंतर,
अपने दुख के कुंज की तरफ बहता है,
दुख की नदी में, हम ड्रिफ्ट करते हैं,
निराशा के धारा के साथ ले जाए जाते हैं।

—डैनियल फोस (यूएस)

79.

दिलचस्पी के घाटी में, हम बसते हैं,
दुख के पहाड़ों से घिरे हुए,
प्रत्येक शिखर, हमारी पीड़ा का स्मारक,
जैसे हम विरक्त विस्तार में भटकते हैं।

—जो (न्ज़ी)

80.

निराशा की गुफाओं में, हम खोजते हैं,
सुकून की कुंजी के लिए,
अपने दुख की अंधकार में, आशा की किरण,
फुर्सत से बहुत और दुर्लभ।
—एंजेलो (मेक्सिको)

81.

दुख की रेत, अनवरत, परिस्थिति की निर्मलता,
निर्मलता का एक दुर्भाग्यपूर्ण रेगिस्तान,
दुख के उस उबालते ताप में, हम हिचकिचाएं,
छूट की एक ओएसिस के लिए बेहद प्रार्थी।
—जेकब नट्स (मेक्सिको)

82.

दुख की भूलभुलैया, अनंत,
घुमते हुए गलियारे, निराशा से भरे,
हम एक पीड़ा की यात्रा करते हैं,
टेढ़े-मेढ़े मार्गों से बाहर निकलने का खोजते हैं।
—एंड्रिया उज्पा (एसएफ)

83.

जैसे हम दुख के सागर पर तैरते हैं,
पीड़ा की लहरें, भूतपूर्व, कठोर,
पीड़ा के तूफान में, हम संघर्ष करते हैं,
आशा के तट की तलाश में बेताबी से।

—नेथन (एसएफ)

84.

दुख के राज में, हम बसते हैं,
हमारे कष्ट के बंधनों द्वारा बाँधे गए,
पीड़ा के दुर्ग, निराशा द्वारा नियंत्रित,
हमारे अधीनस्थ, दुख की छायाएँ।

—अन्ना पी (एसएफ)

85.

भावनाओं का झरना, अनंत,
प्रत्येक आंसू, हृदयवेदन का एक बहुमुखी,
निराशा के झरने में, हम खड़े हैं,
हमारे दुख के धाराओं में डूबे हुए।

—पॉल द पोएट (ऑस्ट्रेलिया)

86.

हम दुख के बगीचे को खेतित करते हैं,
दर्द के बीज बोते हैं, गहरा अंदर,
जैसे हम निराशा की विकास की देखभाल करते हैं,
हमारा परिणाम, एक ह्रदय का भंडार।
—होमर (ह्स्टन)

87.

दुख के हाथों बनी, एक मूर्ति,
दर्द का स्कल्पचर, हम हो जाते हैं,
उम्मीद की मार्बल से निर्मित,
हमारी पीड़ा की एक शाश्वत गवाह।
—हेदर डैम (एसएफ)

88.

दुख के तूफान में, हम प्लौग,
खतरनाक पानी में नेविगेट करते हैं,
दुख की क्वांटमोंग लहरों से पीटे जाते हैं,
हमारा कंपास, एक दुर्लभ आशा का दीपक।
—केर्टी (लंदन)

89.

दुःख के मोजेसेक ऑफ पीड़ा, टूटा हुआ और बिखरा,
टूटे हुए टुकड़े, दुख का परिचायक हैं,
निराशा के दर्पण में, हम देखते हैं,
दुख का चित्र, टुकड़े टुकड़े में।

—पर्सी (यूएस)

90.

दुख की रेत, गुजरती है,
निरंतर दुख की एक गिनती,
निराशा की घड़ी में, हम देखते हैं,
समय के गुजरने का, अदबुद नहीं।

—गार्नर स्टीव (डैलस)

91.

जब हम कष्ट का पहाड़ चढ़ते हैं,
दुःख के शिखर की हमेशा दूर,
निराशा के बादलों के माध्यम से, हम चढ़ते हैं,
दर्द की ऊचाईयों से शांति की खोज करते हैं।

—नोमी (सीए)

92.

दुख के छायाओं में, हम ठहरते हैं,
चुप भूत, दुख से अंधेरे में छिपे,
निराशा की कपड़े में लिपटे हुए,
हमारा अस्तित्व, एक भूतपूर्व बनामा है।

—एस्टर टोर (सीए)

93.

दुख की पंखों पर, हम सोर होते हैं,
निराशा के हवाओं में उड़ान भरते हैं,
दुख की एक उड़ान, असीम और मुक्त,
हमारे दर्द के असीम आसमान में।

—उमाने (आफ्रीका)

94.

हम एक दुख की सिम्फनी रचते हैं,
दर्द का क्रेसेंडो, हमेशा बढ़ता हुआ,
हमारे उपकरण, निराशा की समर्थन,
एक हृदयवेदना का मेलोडी, प्रतिध्वनि हो रहा है।

—वेरोनिका (वेस्ट एसएफ)

95.

दर्द का किला, अड़ियल,
इसकी दीवारें, अभेद्य, ठंडी,
इसके भीतर, हम बसते हैं, फंसे हुए,
अपने ही कष्ट के शैकिलों द्वारा।
—मारिया (यूएस)

96.

"दिल से असहिष्णु भावनाएं गहरी रूप से निर्मित भी मन से ही
मुश्किल से व्यक्त करना और पुनरारंभ करना
पीछे से भयानक स्मृतियों से....
—वेरोनिका रोमा पिंगोल (नाइटबटरफ्लाई) (फिलीपींस)

97.

दर्द बारिश रो रहा है
दुख की ताली में
ऐसे एक तीर की तरह छोड़ा गया है
दिल का दर्द करने के लिए
—अज़ीज़ सुरजूदीन ओलातुंदे (नाइजीरिया)

98.

पूरे अस्तित्व को मोहित करता है, मेरे मन को लिपटा है
आपकी अभिव्यक्ति भरी आंखें, सुरुचिपूर्ण
भावना को व्यक्त करती है, आसान और किंद
आपकी सागर जैसी आंखें
—सोम मजुमदार (कोलकाता)

99.

तुम्हारा दुख: मेरा आश्रय:
मैं जो भी काम करता हूँ।
तुम्हारा बदला मेरा भ्रांति,
और मेरी आत्मा को स्वर्णसिंदूर में डालो!
—अकाडे इमानुएल, (नाइजीरिया)

100.

वह अकथित शब्द अब भी मेरे होंठों पर हैं।
और मेरी कलम ने सफेद पृष्ठ पर नहीं लगाया।
ऊचाइयों या शिखरों की ओर अब भी मैं चढ़ नहीं सकता।
अब भी तालों में बंद, अब भी केज में बंद हैं।
—गुल बख्ती (पाकिस्तान)

101.

मैटर डोलोरोसा
उसके बेटे के मौत के समय, उसका दिल गहरे दुःख में शोक में डूबा हुआ था।
उसकी चुप्पी में, जिसमें उसके बेटे ने सार्वजनिक ताना मारा था, वह गहने ले लिए गई।
उसके आशीर्वाद से सबसे अधिक दुःख के साथ उसके अद्वितीय प्रेम से प्रकट होता है।
क्योंकि, शुरुआत में, उसने ऊपर से दिये गए भगवान की इच्छा को स्वीकार किया।
—इवान डी. विलालुज़ (फिलीपींस)

102.

दर्द एक शिशु की तरह है
मेरे आंचल में,
मैं उसे पूरे मन से पोषण करता हूँ
सभी मेरे दिल से....

—भारती हज़ारिका (गौहाटी)

103.

मानव जीवन के मन में छिपा हुआ,
दर्द हमेशा पेट्रीकोर मस्क की तरह है।
दुखद चीजों का बर्फीला बारिश
यह बुझने वाला है भोर से लेकर सूर्यास्त तक।

—मीनू लोधा (मुंबई)

104.

कोई कभी नहीं समझेगा मेरी अत्यंत भावनात्मक कष्टों, दुखों और कष्ट
ना ही वह अनामता निर्दय राक्षस जिसे मैं रोज़ युद्ध करता हूँ
जब तक रक्त या कोई चीज़ नहीं है जो तनाव की स्पष्ट संकेत हो
मुझे माना जाता है कि मैं वह मजबूत जीवंत लड़की हूँ जिसमें जीवन और शक्ति है।

—फ्लौरिश ओके (नाइजीरिया)

105.

एक अज्ञेय प्राणी।
जिसे जगह जिसमें मैं हूँ, वह बसता है,
यह चीज़ मेरे अस्तित्व को खतरे में डालती है, ध्यान की मांग करती है।
मैं अपने आप से मुड़ रहा हूँ...
मेरे सिर के अंदर यह दर्द केवल एक आदत है।

—फ्लॉरेंस रैसमसेन (यूके)

106.

नया दरवाजा खुलता है सभी दर्द के साथ,
यदि हम शांत और सैन रहते हैं,
खुद को व्यर्थ आत्मसमर्पण में नहीं डालते हैं,
हमारे मन को प्राप्त करने के लिए मास्टर।

—ज्योतिर्मय ठाकुर (यूके)

107.

तुम्हारी चाँदनी ठंडी हलचल, मेरी गरम सूरज से मिलती है
मुझसे कभी ट्वाइलाइट पर मिलो,
तुम और मैं और कोई नहीं
एक अद्वितीय समिमिति, उदात्त प्राकृतिक मजाक
चमकते हुए सितारों को हमारे प्यार का साक्षी बनाने दो।

—कुमार मलय (भागलपुर, बिहार)

108.

टूटे हुए सपनों को टाकते हुए।
ज़ख्मी दर्द चीखता है।
जिन दिनों की कमी होती है, कभी नहीं लौटती।
भावनाओं की भगवान आत्मा में आग लगती है।

—गुरजीत कौर घुमान (जम्मू और कश्मीर)

109.

"आघात मेरी आत्मा को दबा रहा है,
प्रति श्वास सहने के लिए एक संघर्ष है,
दर्द एक स्थायी, अनुपस्तित मेहमान,
मुझसे शांति, निश्चितता, और अधिक छीन रहा है।"

—संजीव के. शर्मा (मेरठ-इंडिया)

110.

दर्द सालों से बढ़ रहा था
जब तक मैंने हँसी के साथ संतुलन करना सीखा
मेरी धाराएँ रुक गई थीं रोने का
मेरा हृदय भावनाहीन हो गया था और अनुभव करना बंद हो गया था।

—डॉ. हरमीत कौर भल्ला (कानपूर-इंडिया)

111.

आँसू गिरते हैं जैसे झरना,
भावनाओं का एक प्रचंड प्रवाह, जैसा हृदय कांपता है, इतनी नाजुक,
प्रेम और हानि के बोझ के नीचे।

—ईशा (दिल्ली)

112.

हमारी यादों के गहरे समय की तस्वीरों में,
हम छायाओं में हैं, भटकते हुए, बीते समय की गर्मी के लिए
तड़पते हुए, जब खुशी और प्रेम अंधकार को प्रकाशित करते थे।

—इशिता शर्मा (दिल्ली)

113.

बुलबुल एक विलापमय धुन गाती है, एक दुः खपूर्ण अद्वितीय के लिए,
जैसा कि सितारे अपने गिरे हुए साथियों के लिए रोते हैं, रात के विशाल और शांत विस्तार में।

—कलादीप (बेंगलुरु)

114.

हम धारित्रीय गुलाबों के एक बगीचे को संभालते हैं, उनके पंख, आँसू की तरह, पृथ्वी पर गिरते हैं, एक समय प्रबल और जीवंत, अब,
प्रेम की अस्थायिता का साक्षात्कार।

—मिरंजनकवी (चेन्नई)

115.

दर्द की फुसफुसाहट, हवा में ले जाई जाती है, प्रेम की, कभी यथार्थ और सच्चे,
अब हमारी आत्मा के अशेष केंद्र में बहुताता की शेषांकों में।
—राहुल जैन (पुणे)

116.

हमारे साझा भूतकाल की चित्रशाला में, प्रेम और हंसी के चित्र लटकते हैं, एक बार जाने गए आनंद का साक्षात्कार,
अब दुःख के पर्दे से अंधकार में छुपा हुआ।
—डेविड डी'सूज़ा (केरला)

117.

भावनाओं की लहरें बहती हैं और बहती हैं, समय की रेत से गुजरती है, एक समय पर्याप्त प्रेम का एक जीवंत तट,
अब हमारे दुःख के शून्य समुद्र में।
—परसप्रताप (एमपी)

118.

हमारे दुःख के कोकून में, हम बसते हैं, दुख के कफ़न में लिपटे हैं, कीड़े हुए मेटामॉर्फ़ोसिस के लिए,
दुःख के कोकून से प्रकट होने के लिए।
—रंजना राव (बेंगलुरु)

119.

जब हमारे प्रेम पर सूर्य अस्त होता है, क्षितिज, आँसू से चित्रित, हम बुढ़वार लाइट को देखते हैं, शोक की अंधकार हमें निगल जाता है।

—मुनमुन (कोलकाता)

120.

दुःख की कठिनाई की कगार पर, हम खड़े हैं, निराशा के अगार की ओर देख रहे हैं,
प्रेम की गले की गर्मी के लिए इच्छा की, जैसे कि हानि की ठंडी हवाएं हमें मारती हैं।

—प्रियस सिंह (लखनऊ)

121.

दुःख की बेसोनेट एक कविता, हमारे हृदय में नक्काशी,
प्रेम का प्रत्यय, हम आंसू की स्याही में लिखते हैं,
हमारे अड़ियल दुःख की घोषणा।

—विजय एम (चेन्नई)

122.

दुःख के आलिंगन में, हम विलिन्दरित रहते हैं, हानि के छाया में पिघलते हुए,
निर्दयता की ठंडी छू, हम प्रेम की गर्मी के लिए इच्छा करते हैं।

—मेघा यादव (टीएन)

123.

हमारे भूतकाल के भूत, सतत स्मृतियाँ, सच्चे प्रेम और आनंद के अल्प धूप,
अब समय को हार गए, जैसे हम दुःख के दृश्य में चलते हैं।

—विरेश कुमार (हुबली)

124.

दुःख का आवरण, हम पर डाला गया, प्रेम और आनंद के प्रकाश को छिपा हुआ,
जैसे हम अंधकार में यात्रा करते हैं, हम पास के गले की गर्मी के लिए इच्छा करते हैं।

—लवली गंगवानी (हैदराबाद)

125.

हमारी भावनाओं का तूफान बवाल मचाता है,
बिजली चमकती है, एक दुख की चमक, जैसे कि हमारे दुःख के तुफान के माध्यम से गूंथा।

—सारोज दोशी (हैदराबाद)

126.

दुःख के पंख, बिखरे हुए और बिखरे हुए, दुःख के एक कारपेट पर हम चलते हैं, बू की,
प्रेम की, अब धूप हो गई है,
जैसे कि हम दुःख के बगीचे में भटकते हैं।

—सीमा भार्गव (राजस्थान)

127.

रात के आलिंगन में, हम शांति पा लेते हैं, हानि के दर्द से मुक्त,
अंधकार की राजधानी, एक बॉम,
हमारे टूटे हुए और थके हुए हृदयों को शान्त करने के लिए।

—दिशा सोनकर (सेलम)

128.

जैसे कि समय की रेत, निरंतर, बहती है, हमारे प्रेम की नदी,
कभी जीवंत, अब स्मृतियों का एक कुण्डल, हमारे दुःख के सुख
समृद्धि के पैम्पस में घटित हो गई है।

—योगेंद्र तोमर (यूपी)

129.

हमारे दुःख का वजन, कुचलने वाला, एक बोझ जो हम सहते हैं,
जैसे हम चौपट होते हैं,
सोलेस की प्रकाश की तलाश में, हम धुंधले हृदय के विशाल क्षेत्र में।

—सारिका (यूपी)

130.

हमारी भावनाओं के रंगमंच में, हम प्रदर्शन करते हैं, प्रेम और
हानि के एक शोकाकुल नाटक,
जैसे कि उदासी के पर्दे खींचे जाते हैं, हम अपने अंतिम, दुखी
प्रणाम लेते हैं।

—ब्रिजेश (यूपी)

131.

दिल के दुःख के किनारे, हम भटकते हैं,
हमारी यादों की शंखला जमा करते हैं,
प्यार की एक क़तरा, जो कभी फूला,
जो अब धो दी गई है।

—सारा लेखिका (सिएटल)

132.

हमारे दुख की पात्री, ओवरफ्लोइंग,
एक दर्द और निराशा का अमृत,
जैसे ही हम अपने दुख को गहराई से पीते हैं,
हम कड़वे स्वाद में संतुष्टि पा लेते हैं।

—मनोज लाल (यूपी)

133.

रात की बाहों में, हम पालक रखते हैं,
हमारे प्यार की अवशेष, अब ठंडा,
जब तारे हमारी दुःख के लिए रोते हैं,
उनकी आंसू अंधकार को प्रकाशित करते हैं।

—अविनाश बड़ोला (बेंगलुरु)

134.

हमारी हंसी की पुनरावृत्ति, अब चुप,
जैसे हमारे खुशी के दीवारें कुड़ती हैं,
हमारे प्यार के अवशेषों के बीच, हम खोजते हैं,
एक बार साझा किए गए हमारे आनंद की आधार के लिए।

—मनीषा अग्रवाल (हैदराबाद)

135.

हमारी भावनाओं का भूलभुलैया, हम चलते हैं,
प्रत्येक मोड़, दुःख और दर्द का एक नया मार्ग,
जैसे हम प्यार की गर्मी की संबंध में संतुष्टि की खोज करते हैं,
हमारे दुख के टेढ़े करीदरों में।

—अमरपाल (पंजाब)

136.

हमारे कहाने के पृष्ठ, आंसूचित,
प्यार और हानि का एक लेख, हम लिखते हैं,
जैसे हमारे दुख का स्याही बहता है,
हम खुशी के लिए हमारा विदाय लिखते हैं।

—रुपाली दास (कोलकाता)

137.

हमारे प्यार के लिए एक श्राद्धांजलि, हम रचते हैं,
हमारे दुःख की मेलोडी, प्रेतवादी,
जैसे हमारे दुःख के स्वर गूंथते हैं,
हम एक बार साझा किए गए हमारे आनंद की हानि की शोक
मनाते हैं।

—एल हॉकिंस (इटली)

138.

हमारे उदासी की गहराईयों में, हम रहते हैं,
हमारे दुख के समुद्र में डूबे हुए,
जैसे हम सतह के लिए संघर्ष करते हैं,
हम संतुष्टि और शांति के हवा के लिए साँस लेते हैं।

—सुबु मैथ्यू (केरल)

139.

हमारे दुख की जंजीरें, अनुग्रहीत,
हमारे दुख की भार के साथ बंधे हुए,
जैसे हम मुक्त होने के लिए संघर्ष करते हैं,
हमारे प्यार की अस्तित्व की शिकण्यों से।

—सार्थक नोडियाल (त्रिपुरा)

140.

हमारे दुख की क्रिसालिस, हम गले लगाते हैं,
जैसे हम चिकित्सा के पंखों के लिए वर्तमान और नवीनता की तलाश करते हैं,
निकलना, परिवर्तित और नया रूप में,
हमारे दुख की गहराइयों से।

—मेहुल (हरियाणा)

141.

हमारे दुख की गुफाओं में, हम भटकते हैं,
आशा के अद्वितीय स्पार्क की खोज,
हमारे दुख की अंधकार में, संतुष्टि की किरणें,
हल्की और दुर्लभ हैं।

—जयसिंह (ग्वालियर)

142.

हमारी भावनाओं की पेंडुलम, हिल रही है,
हमारे दुख की गड़बड़ी की घड़ी में, यह हिल रही है,
जैसे समय के हाथ, बेहद, घूमते हैं,
हम प्रेम के गुजरने का साक्षी होते हैं।

—मितेओ मनक (सिक्किम)

143.

हमारे दुख की मेल्स्ट्रोम, अनंत,
भावनाओं का एक चक्रवात, हमें भक्षित कर रहा है,
जैसे हम विपरीत प्रवाह के खिलाफ संघर्ष करते हैं,
आशा के एंकर के लिए बेताब हैं।
—गरिमा (यूपी)

144.

हमारे दुख के मंदिर में, हम गीला होते हैं,
प्रेम के देवताओं को प्रार्थना प्रस्तुत करते हैं,
उनकी दिव्य गले में संतुष्टि की खोज करते हैं,
जैसे हम उनके पुजारी के नाम पर हमारी दुख को रखते हैं।
—रिया (यूपी)

145.

हमारे प्यार का वृक्ष, अब सूखा हुआ,
इसकी शाखाएँ, जीवनरहित और जीवनरहित,
जैसे हम इसकी कुछ भीषण रंगों की मृत्यु की शोक मनाते हैं,
हम इसके जीवंत रंगों की स्मृतियों में कसकर हैं।
—उदय रॉय (दिल्ली)

146.

हमारी खुशी की राख, बिखर गई,
जैसे परिवर्तन के हवाएं इन्हें ले जाती हैं,
हमारे प्यार के समाप्त होने के बाद,
हम शेषों में संतुष्टि की खोज करते हैं।

—हेमल (गुजरात)

147.

हमारे दुख के पंखों पर, हम उड़ते हैं,
हमारे दुख के तूफान के माध्यम से आरोहण करते हैं,
ऊपर के आसमान में संतुष्टि की खोज करते हैं,
जैसे हम हानि के उथले में नेविगेट करते हैं।

—वाहिद खान (जम्मू और कश्मीर)

148.

मेलांचोली की बाहों में, हम पालक रखते हैं,
हमारे भंगुर और पिटे हुए हृदयों को,
एक समय प्यार किए गए हमारे प्यार के अवशेष,
अब रोने और यादों का संग्रह हैं।

—सिमरजीत (पंजाब)

149.

हमारे दुख की ओढ़न, एक कफ़न,
अंधकार की गहराईयों में हमें लपेट लेता है,
जैसे हम संतुष्टि के प्रकाश की तलाश करते हैं,
हमारे दुख की छायाओं में।

—बोनी (दिल्ली)

150.

दुख की सिम्फनी, हम निर्देशित करते हैं,
हमारे दुख की क्रेसेंडो, हमेशा बढ़ता जा रहा है,
हमारे उपकरण, दुख की चीख की ओर,
दर्द और हानि का एक प्रेतवादी ध्वनि।

—हृदय वर्मा (दिल्ली)

151.

उसकी पेट में भूखे आग,
उसे सोने नहीं दे सकी
सुबह, भूख की मौत ने
उसे हमेशा के लिए सोने पर ले लिया।

—शरद (बेंगलुरु)

152.

एक अनैतिक दर्द जो हमारे फ्लैंक्स में चुभ रहा है
जिसे भी हम प्रेम करते हैं, एक हरित बैंगनी झील हमारे रास्ते को पकड़ती है
मैंने बहुत समय पहले जाकर खड़ा हो गया था, सैवेज पक्षियाँ हर चीख मार डालती हैं

—फादिल ऑक्टाय (अंकारा)

153.

हमने अपनी जीवंत भावनाएं मुहर लगा दी हैं
एक जीवित बीज बिना
जो कुछ फल उत्पन्न कर सकता था
सत्य की प्रमाणीकरण के लिए।

—इकाडे इओरहील इमानुएल (बेनुए स्टेट)

154.

तुम स्प्रिंग के लिए समय पर अपने आप को नवीन करो।
हालांकि फ्रॉस्ट ने घास को बहुत अधिक समय तक स्टार्च किया है।
दलदल के पार, उच्च लहरें बूंदबूंद करती हैं।
से ज्यादा पक्षियों के गाने से पहले समुद्री शब्द।

—जेम्स सदलैंड-स्मिथ (स्लोवाकिया)

155.

बहुत से के लिए रुलाने वाला
आत्माओं और जीवनों को फाड़ देने वाला कांप।
कुछ कहते हैं मिठा
मैं कभी समझ पाया नहीं।

—साई प्रकाश कांतमुक्कला (भारत)

1\.

La douleur me colle quand je suis seul
Je pleure car je suis abandonné
Les larmes, je les verse, sont amères et chaudes,
Elles coulent avec la vie mais sans forme

—Daisy (Doky)

2\.

La douleur ne me diminue pas, elle s'épanouit en moi
Elle écrit les frais avec tout son cœur.

—Elena Pob (Atlanta)

3\.

La douleur est l'amour qui me force à te séduire Te
prendre dans mon monde, te modeler et te consoler
La douleur est la manière dont tu m'as piétiné.
Et il n'y avait pas de remède!

—Isabel (Georgia)

4\.

Le cordon ombilical te lie à moi La douleur a donné
naissance à une nouveauté,
Un souffle de vie, une joie pour la vie.

—Jenny (Lyn)

5.

Car tu dois comprendre, au-delà des années déconcertantes,
Que les petites choses chéries peuvent blesser mais sont toujours les meilleures Les fenêtres du monde sont bénies par les larmes,
Les ennuis et la douleur arrivent comme des nuages venant de l'ouest.

—Vicrotia (CA)

6.

Pas de cause organique pour tes symptômes chromés
Peut-être ressens-tu une "douleur agréable"
Qui hante encore tes expériences subjectives
Dépourvu de vulgarité et ayant une chaîne manquante.

—AndiJons (Georgia)

7.

Peut-être ta douleur est-elle comme un poème Un mystère à animer, toujours ouvert, résolvant un problème, exigeant de faire face.

—Chanito (Philippines)

8.

Une agonie, un fardeau
Une torture, un choc soudain Une misère, une détresse
Une douleur qui s'oppose.

—Chynna (Philippines)

9.

Je n'ai pas de date précise,
Je ne sais pas quand ça commence, Mais très sûrement
Ça vient toujours et ne part jamais.
—Sandara (Australie)

10.

Les yeux débordant Mon cœur grandissant Cela fait longtemps Oh Douleur! reste donc.
—Dolaros John (Cuba)

11.

C'est comme si une abeille m'avait piqué
Et glisse lentement dans mon âme, Mon corps brûle plutôt froid,
Je dois crier mais tout ce que je contrôle.
—Marcinis (US)

12.

Quelle heure était-il Quand j'ai pris Ma douleur et marché
Dans cet espace inconnu.
—Patricia Paul (US)

13.

Fleurs sauvages, herbes hautes
Plusieurs hommes, debout mains croisées Souvenir ou tombe de quelque chose
—Teresa (US)

14.

Pour la chair, pour les larmes,
Rouillé et creux
Comme une lance émoussée.
—Liza (US)

15.

Ça doit être quelque chose, Quelque chose de futile,
Un peu???????
Quelque chose qui en vaut la peine.
—Maja Maine (CA)

16.

Assiduité infatigable, la goutte noire Gonflements
irritants de bourdonnements Tombes de douleur
Violet, bleu, orange et fou en toi.
—Maricel (CA)

17.

Encore et encore, en rond,
Le jeu de chagrin et de douleur continue Impossible
de fuir
Chacun est consumé par la douleur.
—Moro May (NZ)

18.

Crier à l'aide
Citant composé
T'ayant ensorcelé
Avec un son cruel.
—Vanessa (US)

19.

Esprit écrasé, Attend d'être élevé Par l'amour, la paix
La bonté et la compassion.
—Prince Joy (Ottoman)

20.

Recherche désespérée de bonheur Longue
aspiration à être bon
Combats sans fin de l'âme blessée Obscurci comme
un trou noir
—Catriona (Camay Island)

21.

Quand Dieu dort, l'aimée ne dort-elle pas
Dans ses bras? Comment peuvent-ils soulager ma
douleur Eux qui sont si amoureux et vais-je pleurer
Qu'elle est grande avec des étoiles? C'est un péché.
—Chorice (Cantablane)

22.

Essences entassées Les branches qui s'accrochent
Voulant s'élever haut Mais tenant l'arbre.
—Lea Lame (US)

23.

Visage noyé dans le calme Froid et immobile
a grandi comme un roucoulement et Fort, beau &
épanoui
—

24.

Plus fidèle
Que les parents ou les relations, Il s'accroche à toi
Se nommant de ton nom
Comme s'il y avait eu une cérémonie
—Alexandar Orive (US)

25.

Parfois tu te tournes simplement vers lui Cherchant une position,
Mais à travers toi peut enfin être en paix Il se réveille devant toi.
—Alexa Jam (US)

26.

Chaque incident ajoute sa mesure; Tu es tiré vers le bas par le poids De ta propre peau
Et cela ne semble jamais se dissiper.
—Vie James (Australie)

27.

Comment espérer? Comment lâcher prise?
Mon corps crie fort
Avec des pensées emplies comme des nuages sombres.
—Nick Forman (Nerobie)

28.

Cœur brisé, je continue ainsi Pièces gisant seules
Où dois-je m'occuper alors? Peu je sais.
—Nathalie (NZ)

29.

Une épine me pique
Quelqu'un me jette un sort au lit Ce sourire
disparaît complètement
Envahit mon blues Déchaînant le chaos sur moi
Colorant en rouge ce que je vois Il n'y a pas de
cirque sans moi Être idiot et joyeux pour toi
Jouant de mon klaxon et te faisant rire C'est ce que
font les clowns.
—Robert R. Bradley (US)

30.

L'arbre sous lequel deux amoureux se sont assis
Avait un visage souriant
L'arbre devant lequel l'ombre vit Avait toujours un
visage pâle et triste
—Hussein Hanasch (Kurdistan)

31.

Réveillé pour trouver Moi-même grandement
changé Quelle triste ruse de l'esprit
Frappant ma vie réarrangée.
—David Wagones (US)

32.

La douleur est le sentiment inconfortable dans votre plexus solaire Elle est là pour vous enseigner de nombreuses leçons
Ici pour vous mouler et vous façonner en la meilleure version de vous-même imaginable, la question est, la laisserez-vous faire.

—Christine Smuniewski (US)

33.

J'ai ressenti quelque chose comme un feu déchaîné Il brûle en sommeil et ne s'éteindra pas Comme un poids sur ma poitrine Un fardeau qui ne se reposera jamais.

—TiltasTomny (CA)

34.

La lame aiguisée Qui me coupe profondément Et ne s'efface jamais Persiste jusqu'à tard.

—Van Dolph (US)

35.

Perçant ton âme Trouve une place Repose sur la tête Construit un état.

—Vic James (Allemagne)

36.

Non contrôlable Intrusif Incrusté
Et haletant

—Jan Joe (Turquie)

37.

Seul ton visage
Suit la course humaine Avec toute puissance
Perçant profondément dans la fleur.
—Adisa (SA)

38.

La douleur est un cœur brisé Blessure qui ne sépare jamais Tempête se construisant à l'intérieur Que l'on ne peut cacher.
—Paulo Cody (USA)

39.

Une mer déchaînée de douleur La quitter vous rend libre Une épine dans mon côté Fleur fleurissant loin de là.
—Juan kill (Indonésie)

40.

Un rêve étincelé Un cauchemar racheté Une bataille échouée
Tout est mal formé.
—Villfredo (Phillipine)

41.

Mon cœur souffre d'un chemin profond et sombre,
Qui persiste et ne semble jamais
Sa source inconnue, sa cause incertaine Mais c'est un sentiment que je chéris tant.
—Ronnie (Italie)

42.

La douleur peut être physique Comme elle se
multiplie mentalement Elle vous enlève votre joie
Vous laisse vous sentir totalement impuissant.
—Zia Kidland (SF)

43.

La douleur que je ressens est comme une tempête
déchaînée
C'est comme une tempête qui ne naîtra jamais C'est
comme une épine dans mon côté
Un sentiment que je ne peux cacher.
—Enrique Love (NJ)

44.

La douleur que je ressens est comme une chaîne
brisée
C'est comme un maillon qui ne sera jamais retrouvé
C'est comme une prison dont je ne peux échapper
Un sentiment que je ne peux jamais façonner.
—DovelyTaks (NY)

45.

La douleur que je ressens est un lourd fardeau
C'est comme un poids qui ne sera jamais accordé
C'est une épine dans mon côté
Un système nerveux que je ne peux supporter.
—Jacinto Campbell (CA)

46.

Des éclats d'agonie transpercent l'âme, Gravant des ombres sur les cœurs tendres, Murmurant des échos de tourment,
À travers les chambres du labyrinthe de la vie.
—Abena pooch (CA)

47.

Dans l'œil de la tempête, nous sommes déchirés,
Le chagrin et la tristesse, la pluie incessante, Un déluge, inflexible, nous noie,
Silencieusement, dans les profondeurs du désespoir.
—Abimbola Ade (Nigeria)

48.

Des doigts tendres tracent les lignes, Sur une carte de douleur sans fin,
Un cri silencieux de soulagement, inentendu, À jamais lié à un cœur enchaîné.
—Lerato (NZ)

49.

Chaque souffle, une bataille livrée et perdue, Un feu ardent à l'intérieur, implacable, Tourment inflexible, une danse cruelle,
Dans la salle de bal des rêves brisés.
—Mosi Abu (Dhabi)

50.

Les cauchemars peignent la toile du sommeil, La
peur et l'angoisse, nos teintes les plus sombres,
Comme la douleur tisse une tapisserie,
D'agonie drapée sur l'âme.

—Lesidi Koontz (Bulgarie)

51.

Cœurs embrassés par le gel, engourdis d'amertume,
Liés par les chaînes d'un tourment glacial,
Dans l'abîme de la tristesse, nous demeurons,
Aspirant à la chaleur qui ne viendra pas.

—Abdalla (Hongrie)

52.

Moments brûlants, marqués par les flammes,
Crescendo de la douleur dans la symphonie de
la vie, Un chœur d'angoisse, une complainte de
désespoir, Une mélodie de chagrin, rejouée à jamais.

—Faraji (Espagne)

53.

Dans le jardin du tourment, nous semons, Des
graines de douleur, arrosées de larmes, Éclosant en
pétales de chagrin, Chacun un témoignage de nos
épreuves.

—Adwoe Poète (Péninsule)

54.

Fragments de rêves, brisés et éparpillés, Dispersés comme des feuilles au vent, Aperçus d'espoir, inaccessibles,
Perdus au milieu de la tempête de la douleur.
—Jabeni Joe James (Asie du Sud-Est)

55.

Dans les cavernes de la souffrance, nous demeurons, Des échos creux de l'agonie résonnent,
Nos voix de simples chuchotements, inentendus,
Dans l'obscurité, nous chancelons et tombons.
—Bekele (Hemingway)

56.

Blessures du cœur, cicatrices éternelles, Invisibles, pourtant ressenties, inflexibles,
Une symphonie d'angoisse silencieuse, Jouée sur les cordes de l'âme.
—Amara Col (US)

57.

Enchaînés au poids de notre douleur, Dans une mer de tourment, nous nous noyons, Haletant pour respirer, nous suffoquons, Tandis que les ténèbres nous consument tout entiers.
—Cergerlether (US)

58.

Étoiles solitaires dans le vide de la nuit, Chacune une lueur de désespoir douloureux, Une danse cosmique de chagrin et de douleur, Dans l'immensité infinie.

—Edger Mily (Seattle)

59.

Dans le théâtre de la souffrance, nous jouons,
Interprétant des actes de chagrin et de malheur,
Sous les projecteurs du désespoir,
Nos rôles, une tragédie de la douleur.

—Balrohan (CA)

60.

Des murs de glace emprisonnent le cœur, Fracturés par le gel du désespoir, À l'intérieur, un désert gelé de douleur,
Un paysage désolé, stérile et froid.

—Zara Ahmed (Dubaï)

61.

Dans les profondeurs abyssales de la tristesse nous plongeons, Coulant dans l'océan de la douleur,
La pression écrasante de l'angoisse, immense, Alors que nous descendons dans les ténèbres.

—Lemon Lou (Philippines)

62.

Des torrents d'agonie, déferlants, Un déluge
implacable de désespoir,
Pris dans l'inondation, nous luttons, Contre le
courant de la douleur inflexible.

—Jolly Nini (Le Caire)

63.

Comme les flammes du tourment dévorent, Nous
sommes réduits en cendres et en braises, Dans la
fournaise de la douleur, nous brûlons, Consumés par
l'enfer de l'agonie.

—BY Nelle J (États-Unis)

64.

La marche implacable du temps,
Une valse cruelle de douleur et de chagrin, Dans
la danse du désespoir, nous participons, Tournant,
virevoltant, toujours enlacés.

—David Marco (États-Unis)

65.

Dans le labyrinthe de la souffrance, nous errons,
Perdus au milieu de ses couloirs tortueux,
Cherchant une consolation, un répit,
Du tourment de notre existence.

—Shoiipree (États-Unis)

66.

La toile de la vie, tachée de douleur, Une palette d'angoisse et de désespoir,
Peinte dans les nuances de chagrin et de malheur,
Notre chef-d'œuvre de tourment, dévoilé.
—Dailsa (États-Unis)

67.

Chuchotements éphémères de la chanson de l'agonie,
Une aria de tristesse, résonnante, À travers les chambres du cœur, elle hante, L'écho de la douleur, implacable et féroce.
—Maria (États-Unis)

68.

Dans la bibliothèque du tourment, nous lisons, Des volumes d'angoisse, reliés dans le désespoir, Des pages encrées des larmes de notre douleur, Une collection de chagrin et de malheur.
—Ligaga (Philippines)

69.

Les ombres de la douleur s'étendent à travers l'âme,
Une éclipse de chagrin, assombrissant,
Dans le crépuscule de notre tourment, nous nous tenons, Obscurcis par la lueur omniprésente.
—Althea (États-Unis)

70.

Le sablier de l'angoisse, inflexible, Grains de chagrin, glissant à travers le temps, Un témoignage de notre douleur éternelle,
Alors que les sables du désespoir continuent de tomber.

—Sophia M (États-Unis)

71.

Dans le jardin de chagrin, nous marchons, Épines de tourment, perçantes et cruelles, Chaque pas, une danse avec l'agonie,
Alors que nous foulons le chemin de la douleur.

—Reyna Hover (États-Unis)

72.

Désert de tristesse, aride et vaste,
Un désert de souffrance, sans fin, Nos larmes, comme la pluie, s'évaporent,
Sous la chaleur brûlante du soleil du tourment.

—Cesar (États-Unis)

73.

Une tapisserie de tourment, nous tissons, Fils d'angoisse, entrelacés et liés, Dans le métier du désespoir, nous peinons,
Un tissu de chagrin, prenant forme.

—Amor (Canada)

74.

Alors que nous traversons le gouffre de la douleur, Les vents de tourment soufflent sans relâche, Les larmes coulent de nos yeux comme la pluie, Sur le pont du chagrin, nous faiblissons.

—Monola (États-Unis)

75.

La forteresse de la douleur, impénétrable, Ses murs, infranchissables, froids, À l'intérieur, nous habitons, emprisonnés,
Par les chaînes de notre propre désespoir.

—Corazon (États-Unis)

76.

Dans la forêt du tourment, nous errons, Branches d'angoisse, tordues et noueuses, Perdus dans les ombres de la douleur, Cherchant une consolation, sans en trouver.

—James Kettie (États-Unis)

77.

Un sonnet de chagrin, gravé dans la douleur, Chaque vers, un témoignage de notre agonie, Dans l'encre du désespoir, nous écrivons,
Une déclaration de notre malheur inflexible.

—John Mason (États-Unis)

78.

Une cascade de larmes, implacable,
Jaillissant de la source de notre douleur, Dans la
rivière du chagrin, nous dérivons,
Emportés par le courant du désespoir.
—Daniel Fose (États-Unis)

79.

Dans la vallée du chagrin, nous habitons, Entourés
par les montagnes de la douleur, Chaque sommet,
un monument à notre tourment, Alors que nous
errons dans l'étendue désolée.
—Joe (Nouvelle-Zélande)

80.

Dans les cavernes du désespoir, nous cherchons, La
gemme insaisissable de la consolation, Au milieu
de l'obscurité de notre douleur, Des lueurs d'espoir,
fugitives et rares.
—Angelo (Mexique)

81.

Les sables de chagrin, mouvants, implacables, Un
désert de désespoir, impitoyable,
Dans la chaleur accablante de la douleur, nous
faiblissons, Désespérés pour une oasis de répit.
—Jacob Nuts (Mexique)

82.

Le labyrinthe de chagrin, sans fin, Passages sinueux, remplis de désespoir, Un voyage de tourment, nous entreprenons,
Cherchant une échappatoire du dédale tortueux.

—Andrea Uzpa (SF)

83.

Alors que nous dérivons sur la mer de chagrin, Vagues de douleur, s'écrasant, impitoyables, Dans la tempête du tourment, nous luttons, Cherchant désespérément le rivage de la consolation.

—Nathan (SF)

84.

Dans le royaume de l'angoisse, nous résidons, Liés par les chaînes de notre souffrance, Un royaume de douleur, régi par le désespoir, Nos sujets, les ombres du chagrin.

—Anna P (SF)

85.

Une cascade d'émotions, sans fin, Chaque larme, un torrent de chagrin,
Dans la chute d'eau du désespoir, nous nous tenons,
Immergés dans le flot de notre douleur.

—Paul le Poète (Australie)

86.

Un jardin de tristesse, nous cultivons, Plantant des graines de douleur, profondément, Alors que nous nourrissons la croissance du désespoir, Notre récolte, une abondance de cœur.

—Homer (Houston)

87.

Ciselés par les mains du tourment, Une sculpture de douleur, nous devenons, Sculptés dans le marbre du désespoir,
Un éternel témoignage de notre souffrance.

—Heather Dam (Afrique du Sud)

88.

Dans la tempête de chagrin, nous naviguons,
Traversant les eaux traîtresses, Battus par les vagues d'angoisse,
Notre boussole, un phare d'espoir insaisissable.

—Kertie (Londres)

89.

Une mosaïque de douleur, brisée et éparpillée,
Morceaux cassés, un reflet de tristesse,
Dans le miroir du désespoir, nous contemplons,
Un portrait de chagrin, fragmenté.

—Percy (États-Unis)

90.

Les sables du chagrin, glissant,
Un compte à rebours implacable de douleur,
Dans le sablier du désespoir, nous observons, Le
passage du temps, inflexible.

—Garner (SteveDallas)

91.

Alors que nous gravissions la montagne du
tourment, Le sommet du chagrin, toujours lointain,
À travers les nuages du désespoir, nous grimpons,
Cherchant une consolation des hauteurs de la
douleur.

—Nommy (Canada)

92.

Dans les ombres de l'angoisse, nous demeurons,
Fantômes silencieux, obscurcis par la douleur,
Enveloppés dans le manteau du désespoir,
Notre existence, un spectre obsédant.

—Ester Tor (Canada)

93.

Sur les ailes du tourment, nous planons, Glissant à
travers les vents du désespoir,
Un vol de tristesse, sans limites et libre, Dans le ciel
sans fin de notre douleur.

—Umane (Afrique)

94.

Une symphonie de chagrin, nous composons, Le crescendo de la douleur, montant sans cesse, Nos instruments, accordés au désespoir, Une mélodie de chagrin, résonnante.

—Veronica West (SF)

95.

La forteresse de la douleur, inflexible, Ses murs, impénétrables, froids, En son sein, nous demeurons, enchaînés,
Par les entraves de notre propre tourment.

—Maria (États-Unis)

96.

Des émotions insupportables du cœur
Profondément enracinées même dans l'esprit
Difficile à exprimer et à recommencer Des souvenirs tragiques du passé...

—Veronica Roma Pingol (Nightbutterfly) (Philippines)

97.

La douleur pleut, crie
En applaudissant la tristesse Tirée comme une flèche Pour saigner le chagrin

—Azeez Surajudeen Olatunde (Nigeria)

98.

Enchanter toute existence, absorber mon esprit
Élégant, exubérant, tes yeux expressifs...
Expriment l'émotion, plus facile et aimable
Évoquent l'exigence... tes yeux océaniques
—Som Majumdar (Kolkata)

99.

Tes douleurs: mon refuge:
La raison pour laquelle je travaille.
Elles altèrent mes illusions de grandeur, Et mettent mon âme en splendeur !
—Akade Emmanuel, (Nigeria)

100.

Ces mots non prononcés sont encore sur mes lèvres.
Et ma plume n'a pas saigné sur la page blanche.
Pour rivaliser, je ne peux toujours pas grimper aux sommets ou aux falaises.
Toujours emprisonné dans les verrous, toujours emprisonné dans une cage.
—Gul Bakhti (Pakistan)

101.

Mater dolorosa
À l'heure de la mort de son fils, son cœur pleurait profondément.
Dans son silence, elle a supporté l'humiliation avec laquelle son fils a été méprisé. Avec la plus grande douleur jaillit son amour merveilleux.
Car, au début, elle s'est soumise à la volonté de Dieu venant du ciel.

—Ivan D. Villaluz (Philippines)

102.

La douleur est comme un bébé Dans mes bras,
Je la nourris
Avec tout mon cœur...

—Bharati Hazarika (Gauhati)

103.

Cachée dans la psyché des êtres humains La douleur est toujours comme un musc de pétrichor.
Déluge torrentiel de choses douloureuses Brûlante, elle vient de l'aube au crépuscule.

—Meenu Lodha (Mumbai)

104.

Personne ne comprendra jamais mes tourments, douleurs et détresses émotionnelles atroces Ni le monstre impitoyable anonyme appelé dépression que je combats chaque nuit
Tant qu'il n'y a ni sang, ni coupure, ni signe manifeste de stress On croit que je suis cette fille forte et vivace, pleine de vie et de force.

—Flourish Oke (Nigeria)

105.

Une entité étrangère. Habitante de l'espace que j'occupe,
Cette chose menace mon être même, exige de l'attention. Je me détourne de moi-même...
Cette douleur dans ma tête n'est rien d'autre qu'une addiction.

—Florence Rasmussen (Royaume-Uni)

106.

Une nouvelle porte s'ouvre avec toute la douleur,
Si nous restons calmes et sains d'esprit, Ne nous apitoyons pas sur nous-mêmes en vain,
Maîtrisons notre esprit afin de gagner.

—Jyotirmaya Thakur (Royaume-Uni)

107.

Ton clair de lune frissonne de froid, embrasse
mon soleil chaleureux, Rencontre-moi un jour au
crépuscule,
Toi et moi, et aucun autre,
Un exquis mélange, sublime, un jeu de la nature,
Que les étoiles témoignent de notre amour, union
amoureuse.

—Kumar Malay (Bhagalpur, Bihar)

108.

Contemplant des rêves brisés. La douleur gruelling
crie.
Les jours qui partent, jamais ne reviennent.
Dans l'incendie ardent, le chevalet des émotions
brûle.

—Gurjeet Kaur Ghuman (J&K)

109.

"L'agonie saisit mon âme,
Chaque souffle, une lutte à endurer, La douleur, une
constante, un hôte indésirable,
Me volant la paix, la certitude, et plus encore."

—Sanjeev K. Sharma (Meerut-Inde)

110.

La douleur grandissait avec les années Jusqu'à ce que j'apprenne à l'équilibrer avec des sourires Mes larmes jaillissantes avaient cessé de couler
Mon cœur est devenu sans émotion et a cessé de ressentir.

—Dr. Harmeet Kaur Bhalla (Kanpur-Inde)

111.

Les larmes dévalent comme une cascade,
Un déluge d'émotions libéré, Alors que le cœur tremble, si fragile,
Sous le poids de l'amour et de la perte.

—Isha (Delhi)

112.

Dans le crépuscule de nos souvenirs,
Nous errons, perdus dans les ombres, Aspirant à la chaleur des années passées,
Quand la joie et l'amour illuminaient l'obscurité.

—Ishita Sharma (Delhi)

113.

Le rossignol chante une mélodie funèbre, Une sérénade à la lune, délaissée,
Alors que les étoiles pleurent leurs proches tombés,
Dans l'étendue vaste et silencieuse de la nuit.

—Kaladeep (Bengaluru)

114.

Un jardin de roses flétries, nous soignons, Leurs
pétales, tels des larmes, tombent sur la terre,
Jadis vibrantes et pleines de vie, maintenant,
Un témoignage de la fugacité de l'amour.
—Miranjankavi (Chennai)

115.

Des chuchotements de chagrin, portés par le vent,
Des échos d'amour, jadis chéris et vrais,
Maintenant les vestiges d'une flamme mourante,
Scintillant dans les braises de nos âmes.
—Rahul Jain (Pune)

116.

Dans la galerie de notre passé commun, Des
portraits d'amour et de rires sont suspendus,
Un témoignage de la joie autrefois connue,
Maintenant obscurcie par le voile de la tristesse.
—David D'Souza (Kerala)

117.

Les marées d'émotion vont et viennent, Comme les
sables du temps s'échappent,
Jadis un rivage vibrant d'amour, Maintenant une
côte aride de désespoir.
—Paraspratap (MP)

118.

Dans le cocon de notre douleur, nous demeurons,
Enveloppés dans le linceul de chagrin,
Aspirant à la métamorphose,
Pour émerger du chrysalide de la douleur.
—Ranjana Rao (Bengaluru)

119.

Au coucher de notre amour, l'horizon, peint de larmes,
Nous regardons la lumière s'estomper, endeuillés,
Alors que l'obscurité de la perte nous consume.
—Munmun (Kolkata)

120.

Sur le précipice du chagrin, nous nous tenons,
Fixant l'abîme du désespoir,
Aspirant à la chaleur de l'étreinte de l'amour, Alors
que les vents glaciaux de la perte nous agitent.
—Priya Singh (Lucknow)

121.

Un sonnet de chagrin, gravé dans nos cœurs,
Chaque vers, un témoignage de notre amour,
Dans l'encre de nos larmes, nous écrivons,
Une déclaration de notre chagrin inflexible.
—Vijay M (Chennai)

122.

Dans l'étreinte de la tristesse, nous nous attardons,
Consumés par l'ombre de la perte,
Le toucher froid du désespoir, implacable, Tandis
que nous aspirons à la chaleur de l'amour.
—Megha Yadav (TN)

123.

Fantômes de notre passé, souvenirs obsédants,
Vapeurs éphémères d'amour et de joie,
Moments fugaces, maintenant perdus dans le
temps,
Comme nous traversons le paysage de la douleur.
—Viresh Kumar (Hubli)

124.

Le voile de chagrin, drapé sur nous, Obscurcissant
la lumière de l'amour et de la joie,
Comme nous naviguons dans l'obscurité, nous
aspirons,
À la chaleur de notre étreinte passée.
—Lovely Gangwani (Hyderabad)

125.

La tempête de nos émotions fait rage,
Les éclairs frappent, un éclair de désespoir, Comme
le tonnerre de notre chagrin,
Résonne à travers la tempête de la perte.
—Saroj Doshi (Hyderabad)

126.

Pétales de tristesse, éparpillés et jonchés, Un tapis
de chagrin, sur lequel nous marchons,
Le parfum de l'amour, maintenant fané,
Comme nous errons à travers le jardin du deuil.
—Seema Bhargava (Rajasthan)

127.

Dans l'étreinte de la nuit, nous trouvons le
réconfort, Un sanctuaire contre la douleur de la
perte,
La couverture de l'obscurité, un baume,
Pour apaiser nos cœurs brisés et las.
—Disha Sonkar (Selam)

128.

Comme les sables du temps, implacables, coulent, La
rivière de notre amour, jadis vibrante,
Maintenant réduite à un filet de souvenirs,
Dans le paysage aride de notre chagrin.
—Yogendra Tomar (UP)

129.

Le poids de notre tristesse, écrasant, Un fardeau
que nous portons, comme nous trébuchons,
Cherchant la lumière du réconfort,
Dans l'étendue terne de notre chagrin.
—Sarika (UP)

130.

Dans le théâtre de nos émotions, nous jouons, Une tragédie d'amour et de perte,
Comme les rideaux du désespoir se ferment,
Nous faisons notre révérence finale et douloureuse.
—Brijesh (UP)

131.

Sur les rivages du chagrin, nous errons, Ramassant les coquilles de nos souvenirs,
Un rappel poignant de l'amour,
Autrefois florissant, maintenant emporté.
—Sarah Author (Seattle)

132.

Le calice de notre chagrin, débordant, Un élixir de chagrin et de désespoir,
Comme nous buvons profondément de notre douleur,
Nous trouvons du réconfort dans le goût amer.
—Manoj Laal (UP)

133.

Dans les bras de la nuit, nous berçons, Les restes de notre amour, maintenant froids,
Comme les étoiles pleurent notre chagrin,
Leurs larmes illuminent l'obscurité.
—Avinash Badola (Bengaluru)

134.

L'écho de notre rire, maintenant silencieux, Comme
les murs de notre bonheur s'effondrent,
Parmi les ruines de notre amour, nous cherchons,
La fondation de notre joie jadis partagée.
—Manisha Agarwal (Hyderabad)

135.

Le labyrinthe de nos émotions, nous traversons,
Chaque tournant, un nouveau chemin de chagrin et
de douleur,
Comme nous cherchons la consolation de la chaleur
de l'amour,
Dans les couloirs tordus de notre chagrin.
—Amarpal (Punjab)

136.

Les pages de notre histoire, maculées de larmes,
Une chronique d'amour et de perte, nous écrivons,
Tandis que l'encre de notre chagrin coule,
Nous rédigeons notre adieu au bonheur.
—Rupali Das (Kolkata)

137.

Un requiem pour notre amour, nous composons, La
mélodie de notre chagrin, obsédante, Comme les
notes de notre douleur résonnent,
Nous pleurons la perte de notre joie jadis partagée.
—L Hawkins (Italy)

138.

Dans les profondeurs de notre désespoir, nous demeurons, Submergés dans l'océan de notre douleur, Comme nous luttons pour la surface,
Nous aspirons à l'air du réconfort et de la paix.
—Subu Mathew (Kerala)

139.

Les chaînes de notre chagrin, inflexibles, Liées au poids de notre peine, Comme nous luttons pour nous libérer,
Des entraves de notre amour déchu.
—Sarthak Nodiyal (Tripura)

140.

Le cocon de notre douleur, nous l'embrassons,
Comme nous aspirons aux ailes de la guérison, Pour émerger, transformés et renouvelés,
Des profondeurs de notre chagrin.
—Mehul (Haryana)

141.

Dans les cavernes de notre chagrin, nous errons,
Cherchant l'étincelle insaisissable de l'espoir,
Parmi les ténèbres de notre douleur, Des lueurs de réconfort, faibles et rares.
—Jai Singh (Gwalior)

142.

Le pendule de nos émotions, oscillant, Dans l'engrenage de notre douleur, il se balance, Comme les aiguilles du temps, impitoyables, tournent, Nous assistons au passage de l'amour.

—Miteo Manak (Sikkim)

143.

Le maelström de notre chagrin, incessant, Un tourbillon d'émotions, nous consumant, Comme nous luttons contre le courant, Désespérés pour l'ancre de l'espoir.

—Garima (UP)

144.

Dans le temple de notre chagrin, nous nous agenouillons, Offrant des prières aux dieux de l'amour, Cherchant le réconfort dans leur étreinte divine, Comme nous déposons notre douleur à leur autel.

—Ria (UP)

145.

L'arbre de notre amour, maintenant flétri,
Ses branches, dénudées et dépourvues de vie,
Comme nous nous accrochons aux souvenirs de sa floraison, Nous pleurons le passage de ses teintes vibrantes.

—Uday Roy (Delhi)

146.

Les cendres de notre bonheur, dispersées,
Comme les vents du changement les emportent,
Dans le sillage de la disparition de notre amour,
Nous cherchons le réconfort dans les restes.
—Hemal (Gujarat)

147.

Sur les ailes de notre chagrin, nous planons,
Montant à travers la tempête de notre douleur,
Cherchant le réconfort dans les cieux,
Comme nous naviguons la turbulence de la perte.
—Wahid Khan (J&K)

148.

Dans les bras de la mélancolie, nous berçons,
Nos cœurs fragiles, meurtris et battus, Les vestiges
d'un amour autrefois chéri, Devenu maintenant une
collection de larmes et de souvenirs.
—Simarjeet (Punjab)

149.

Le voile de notre chagrin, un linceul, Nous
enveloppant dans l'obscurité de la douleur, Comme
nous cherchons la lumière du réconfort,
Dans les ombres de notre peine.
—Boni (Delhi)

150.

Une symphonie de chagrin, nous dirigeons,
Le crescendo de notre douleur, toujours montant,
Nos instruments, accordés à l'angoisse,
Une mélodie obsédante de chagrin d'amour et de perte.

—Hriday Verma (Delhi)

151.

Feu affamé dans son ventre, Ne le laissait pas dormir,
Au matin, la mort de la faim Le fit dormir à jamais.

—Sharadh (Bengaluru)

152.

Une douleur immorale poignarde nos flancs,
Quiconque nous aimons, une falaise violette
verdâtre saisit notre route, Je m'appelle effrayé,
étant parti depuis longtemps,
Les oiseaux sauvages fauchent chaque cri que je crie.

—Fadil Oktay (Ankara)

153.

Nous avons scellé nos sentiments vifs Sans une graine vivante,
Qui aurait donné quelques fruits De justification de la vérité.

—Ikade Iorhile Emmanuel (Benue State)

154.

Tu te renouvelles à temps pour le printemps. Bien que le gel ait amidonné l'herbe beaucoup trop longtemps. Au-delà des marais, les grandes marées grondent et éclatent. Prononçant des mots de mer avant que la plupart des oiseaux chantent.

—James Sutherland-Smith (Slovaquie)

155.

Douloureux pour beaucoup,
Déchirant les âmes et les vies, Certains disent doux,
Je n'ai jamais pu comprendre.

—Sai Prakash Kantamukkala (Inde)

1.

El dolor se instala cuando estoy solo
Lloro porque estoy en soledad
Las lágrimas que derramo son amargas y cálidas
Fluyen con la vida, pero no tienen forma
—Daisy (Doky)

2.

El dolor no me disminuye, florece en mí
De todo corazón, deletrea costos.
—Elena Pob (Atlanta)

3.

El dolor es el amor que me obliga a seducirte
Llevarte a mi mundo, moldearte y consolarte
El dolor es la forma en que caminaste sobre mí
¡Y no había cura!
—Isabel (Georgia)

4.

El cordón umbilical nos conecta a ti y a mí
El dolor ha dado a luz a algo nuevo,
Una vida, un aliento, una alegría por vivir.
—Jenny (Lyn)

5.

Porque a lo largo de los desconcertantes años
Cuán poco pueden herir las pequeñas cosas amadas
pero aún son las mejores
Las ventanas del mundo están bendecidas con
lágrimas
Los problemas y el dolor vienen como nubes desde
el oeste.

—Victoria (CA)

6.

No hay causa orgánica para tus condiciones
crónicas
Tal vez sientes 'dolor placentero'
Que todavía persigue tus experiencias subjetivas
Careciendo tanto de orden como de una cadena
faltante.

—Andi Jons (Georgia)

7.

Tal vez tu dolor es como un poema
Un misterio que se despierta continuamente,
se abre resolviendo un problema, comandando
enfrentarlo.

—Chanito (Filipinas)

8.

Una agonía, una carga
Un tormento y de repente
Una miseria, una angustia
Un retortijón y oposición.
—Chynna (Filipinas)

9.

No tiene una fecha fija,
No sé cuándo comienza,
Pero con seguridad,
Siempre llega y nunca se va.
—Sandara (Australia)

10.

Ojos desbordados, mi corazón creciendo
Ha pasado mucho tiempo, ¡Oh, dolor! simplemente quédate.
—Dolaros John (Cuba)

11.

Es como si una abeja me hubiera picado
y lentamente se deslizara por mi alma, Mi cuerpo arde, pero me veo obligado a gritar, pero todo lo que puedo controlar.
—Marcinis (EE. UU.)

12.

¿Qué hora era cuando recogí
Mi dolor y caminé
Hacia ese espacio desconocido?
—Patricia Paul (EE. UU.)

13.

Flores silvestres, hierba crecida,
Múltiples hombres, de pie con las manos cruzadas
Recuerdo o tumba de algo.
—Teresa (EE. UU.)

14.

Para la carne, para las lágrimas,
Oxidado y hueco
Como una lanza sin filo.
—Liza (EE. UU.)

15.

Debe ser algo, algo inútil,
Algo que valga la pena.
—Maja Maine (CA)

16.

Asiduidad incansable, la gota negra,
Inquietantes olas de zumbidos,
Tumbas de dolor
Violeta, azul, naranja y locura en ti.
—Maricel (CA)

17.

Una y otra vez, dando vueltas y vueltas,
El juego de la tristeza y el dolor continúa. Incapaces de huir,
Todos están consumidos por el dolor.
—Moro May (NZ)

18.

Llanto por ayuda,
citando compuestos,
te tienen hechizado,
con un sonido cruel.
—Vanessa (EE. UU.)

19.

Espíritu aplastado
Esperando ser elevado
Por amor, paz,
Bondad y comparación.
—Prince Joy (Otomanía)

20.

Búsqueda desesperada de la felicidad
Mucho tiempo para ser bueno
Luchas interminables del alma herida
Oscuras como un agujero negro.
—Catriona (Isla Camay)

21.

Cuando Dios duerme, ¿no duerme la amada
en sus brazos? ¿Cómo pueden atender mi dolor
si están tan enamorados y yo lloro
porque ella está llena de estrellas? Es un pecado.
—Chorice (Cantabria)

22.

Esencias acumuladas, las ramas que se aferran
desean elevarse, pero sostienen al árbol.
—Lea Lame (EE. UU.)

23.

Rostro tranquilo y sumergido, frío y quieto,
creciendo como un arrullo y fuerte, hermoso y
florecido.
—[Texto incompleto]

24.

Más fiel
que parientes o relaciones, se aferra a ti,
llamándose a sí mismo con tu nombre
como si hubiera habido una ceremonia.
—Alexandar Orive (EE. UU.)

25.

A veces, simplemente te giras hacia él, buscando una posición,
pero a través de tu búsqueda, finalmente puedes encontrar la paz,
se despierta antes que tú.
—Alexa Jam (EE. UU.)

26.

Cada incidente añade su medida; eres arrastrado por el peso,
de tu propia piel,
y parece que nunca se disipara.
—Vie James (Australia)

27.

¿Cómo espero? ¿Cómo dejo ir?
Mi cuerpo está gritando fuerte,
con pensamientos llenos como nubes oscuras.
—Nick Forman (Nerobie)

28.

Corazón roto, sigo adelante, pedazos esparcidos solos,
¿dónde me mantendré ocupada? Poco sé.
—Nathalie (Nueva Zelanda)

29.

El árbol bajo el cual dos amantes se sentaron
tenía un rostro sonriente y brillante.
El árbol frente al cual viven los temblores
siempre tenía un rostro pálido y triste.
—Hussein Hanasch (Kurdistán)

30.

Desperté para encontrarme a mí mismo
enormemente cambiado,
Qué triste truco de la mente,
Un golpe a mi vida reorganizada.
—David Wagones (EE. UU.)

31.

El dolor es esa incómoda sensación en tu plexo solar,
Está aquí para enseñarte muchas lecciones,
Aquí para moldearte y convertirte en la mejor versión de ti imaginable,
Las preguntas son, ¿lo permitirás?
—Christine Smuniewski (EE. UU.)

32.

Sentí algo como un fuego ardiente,
Quema sin cesar y no se extinguirá,
Es como un peso que está en mi pecho,
Una carga que nunca descansará.
—Tiltas Tomny (CA)

33.

La hoja afilada
que me corta profundamente
y nunca se desvanece,
persiste hasta tarde.
—Van Dolph (EE. UU.)

34.

Perforando tu alma,
encuentra un lugar,
descansa en tu cabeza,
construye un estado.
—Vic James (Alemania)

35.

Incontrolable,
intrusivo,
incrustado
y latente.
—Jan Joe (Turquía)

36.

Solo tu rostro
se mantiene al ritmo de la raza humana,
con todo su poder,
penetrando profundamente en la flor.
—Adisa (SA)

37.

El dolor es un corazón roto,
una herida que nunca se separa,
una tormenta que crece en el interior
y no puede ocultarse.
—Paulo Cody (EE. UU.)

38.

Un mar enfurecido de dolor,
dejarlo te hace libre,
una espina en mi lado,
una flor floreciendo lejos.
—Juan Kill (Indonesia)

39.

Un sueño desvanecido,
una pesadilla redimida,
una batalla perdida,
todo desfigurado.
—Villfredo (Filipinas)

40.

Mi corazón está afligido por un oscuro camino
profundo
que persiste y nunca parece
Su origen es desconocido, su causa no está clara
Pero es un sentimiento que aprecio tanto.
—Ronnie (Italia)

41.

El dolor puede ser físico
se multiplica mentalmente,
te quita la alegría
te deja sintiéndote totalmente indefenso.
—Zia Kidland (San Francisco)

42.

El dolor que siento es como una tormenta furiosa
es como un temporal que nunca nacerá
es como una espina en mi costado
un sentimiento que no puedo ocultar.
—Enrique Love (Nueva Jersey)

43.

El dolor que siento es como una cadena rota
es como un eslabón que nunca será recuperado
es como una prisión de la que no puedo escapar
un sentimiento que nunca puedo moldear.
—Dovely Taks (Nueva York)

44.

El dolor que siento es una carga pesada
es como una carga que no será otorgada
es una espina en mi costado
un sistema nervioso que no puedo soportar.
—Jacinto Campbell (California)

45.

Fragmentos de agonía traspasan el alma,
grabando sombras en corazones tiernos,
susurrando ecos de tormento,
a través de las cámaras del laberinto de la vida.
—Abena Pooch (California)

46.

En el ojo de la tormenta, somos destrozados,
duelo y tristeza, la lluvia incesante,
una inundación, implacable, que nos ahoga,
silenciosamente, en las profundidades de la
desesperación.
—Abimbola Ade (Nigeria)

47.

Las yemas de los dedos tiernos trazan las líneas,
en un mapa de dolor interminable,
un grito silencioso por alivio, sin escuchar,
eternamente atado a un corazón en cadenas.
—Lerato (Nueva Zelanda)

48.

Cada respiración, una batalla librada y perdida,
fuego abrasador en el interior, implacable,
tormento inquebrantable, una cruel danza,
en el salón de baile de los sueños rotos.
—Mosi (Abu Dhabi)

49.

Las pesadillas pintan el lienzo del sueño,
miedo y angustia, nuestros tonos más oscuros,
mientras el dolor teje una tapicería,
de agonía cubierta sobre el alma.
—Lesidi Koontz (Bulgaria)

50.

Corazones besados por el hielo, entumecidos de amargura,
Atados por cadenas de tormento congelante,
En el abismo de la tristeza habitamos,
Anhelando el calor que no llegará.
—Abdalla (Hungría)

51.

Momentos ardientes, marcados por las llamas,
El crescendo del dolor en la sinfonía de la vida,
Un coro de angustia, una elegía de desesperación,
Una melodía de pena, repetida eternamente.
—Faraji (España)

52.

En el jardín del tormento sembramos,
Semillas de dolor, regadas por lágrimas,
Floreciendo en pétalos de tristeza,
Cada uno un testimonio de nuestras pruebas.
—Adwoe (Península)

53.

Fragmentos de sueños, destrozados y esparcidos,
Dispersos como hojas en el viento,
Destellos de esperanza, inalcanzables,
Perdidos en medio de la tempestad del dolor.
—Jabeni Joe James (Sureste de Asia)

54.

En las cavernas del sufrimiento habitamos,
Ecos huecos de agonía resuenan,
Nuestras voces son simples susurros, no
escuchados,
En la oscuridad, titubeamos y caemos.
—Bekele (Hemingway)

55.

Heridas del corazón, cicatrices eternas,
Invisibles, pero sentidas, implacables,
Una sinfonía de angustia silenciosa,
Tocada en las cuerdas del alma.
—Amara (EE. UU.)

56.

Esclavizados al peso de nuestro dolor,
En un mar de tormento, nos ahogamos,
Jadeando por aire, nos sofocamos,
Mientras la oscuridad nos consume por completo.
—Cergerlether (EE. UU.)

57.

Estrellas solitarias en el vacío de la noche,
Cada una un destello de desesperación doliente,
Un baile cósmico de tristeza y dolor,
En la vasta e interminable expansión.
—Edger Mily (Seattle)

58.

En el teatro del sufrimiento actuamos,
Representando actos de dolor y pesar,
Bajo las luces del escenario de la desesperación,
Nuestros roles, una tragedia de dolor.
—Balrohan (CA)

59.

Muros de hielo envuelven el corazón,
Fracturados por la helada de la desesperación,
Dentro, un páramo congelado de dolor,
Un paisaje desolado, estéril y frío.
—Zara Ahmed (Dubái)

60.

Profundidades abismales de tristeza en las que nos sumergimos,
Hundiéndonos en el océano del dolor,
Una aplastante presión de angustia, inmensa,
Mientras descendemos hacia la oscuridad.
—Lemon Lou (Filipinas)

61.

Torrentes de agonía, cayendo en cascada,
Un diluvio implacable de desesperación,
Atrapados en la inundación, luchamos,
Contra la marea de un dolor inexorable.

—Jolly Nini (El Cairo)

62.

Mientras las llamas del tormento devoran,
Nos reducimos a cenizas y brasas,
En el horno del dolor, arderemos,
Consumidos por el infierno de la agonía.

—BYNelle J (EE. UU.)

63.

La marcha implacable del tiempo,
Un cruel vals de dolor y tristeza,
En la danza de la desesperación participamos,
Girando, dando vueltas, siempre entrelazados.

—David Marco (EE. UU.)

64.

En el laberinto del sufrimiento deambulamos,
Perdidos entre sus corredores retorcidos,
Buscando consuelo, un respiro,
De la agonía de nuestra existencia.

—Shoiipree (EE. UU.)

65.

El lienzo de la vida, manchado de dolor,
Una paleta de angustia y desesperación,
Pintado en tonos de pesar y aflicción,
Nuestra obra maestra del tormento, desvelada.
—Dailsa (EE. UU.)

66.

Susurros fugaces de la canción de la agonía,
Un aria de tristeza, resonando,
A través de las cámaras del corazón, persigue,
El eco del dolor, implacable y feroz.
—Maria (EE. UU.)

67.

En la biblioteca del tormento leemos,
Volúmenes de angustia, encuadernados en desesperación,
Páginas impregnadas con las lágrimas de nuestro dolor,
Una colección de pesar y aflicción.
—Ligaga (Filipinas)

68.

Las sombras del dolor se extienden por el alma,
Un eclipse de tristeza que oscurece,
En el crepúsculo de nuestro tormento, permanecemos,
Atenuados por la penumbra siempre presente.
—Althea (EE. UU.)

69.

El reloj de arena de la angustia, implacable,
Granitos de pesar deslizándose a través del tiempo,
Un testimonio de nuestro dolor eterno,
Mientras las arenas de la desesperación continúan cayendo.

—Sophia M (EE. UU.)

70.

En el jardín del dolor caminamos,
Espinas de tormento, punzantes y crueles,
Cada paso, un baile con la agonía,
Mientras pisamos el sendero del dolor.

—Reyna Hover (EE. UU.)

71.

Desierto de tristeza, árido y vasto,
Un páramo de sufrimiento interminable,
Nuestras lágrimas, como lluvia, se evaporan,
En el abrasador calor del sol del tormento.

—Cesar (EE. UU.)

72.

Un tapiz de tormento tejemos,
Hilos de angustia, entrelazados y atados,
En el telar de la desesperación trabajamos,
Un tejido de pesar que toma forma.

—Amor (Canadá)

73.

Mientras cruzamos el abismo del dolor,
Los vientos del tormento soplan implacables,
Las lágrimas fluyen de nuestros ojos como la lluvia,
En el puente de la tristeza, titubeamos.
—Monola (EE. UU.)

74.

La fortaleza del dolor, infranqueable,
Sus muros, impenetrables y fríos,
Dentro, habitamos, prisioneros,
Por las cadenas de nuestra propia desesperación.
—Corazón (EE. UU.)

75.

En el bosque del tormento deambulamos,
Ramas de angustia, retorcidas y nudosas,
Perdidos en medio de las sombras del dolor,
Buscando consuelo, sin encontrar ninguno.
—James Kettie (EE. UU.)

76.

Un soneto de tristeza, grabado en dolor,
Cada verso, un testimonio de nuestra agonía,
En la tinta de la desesperación escribimos,
Una declaración de nuestra inquebrantable
aflicción.
—John Mason (EE. UU.)

77.

Un torrente de lágrimas, implacable,
Fluyendo del manantial de nuestro dolor,
En el río de la tristeza, nos dejamos llevar,
Por la corriente de la desesperación.
—Daniel Fose (EE. UU.)

78.

En el valle del desconsuelo habitamos,
Rodeados de montañas de dolor,
Cada pico, un monumento a nuestro tormento,
Mientras deambulamos por la desolada extensión.
—Joe (Nueva Zelanda)

79.

En las cavernas de la desesperación buscamos,
La gema elusiva del consuelo,
En medio de la oscuridad de nuestro dolor,
Destellos de esperanza, fugaces y raros.
—Angelo (México)

80.

Las arenas del dolor, cambiantes, implacables,
Un desierto de desesperación, sin piedad,
En el calor sofocante del dolor, titubeamos,
Desesperados por un oasis de alivio.
—Jacob Nuts (México)

81.

El laberinto del desconsuelo, interminable,
Pasajes sinuosos, llenos de desesperación,
Un viaje de tormento emprendemos,
Buscando una salida del laberinto retorcido.
—Andrea Uzpa (San Francisco)

82.

Mientras navegamos en el mar de la tristeza,
Olas de dolor, chocando sin piedad,
En la tempestad del tormento, luchamos,
Buscando desesperadamente la orilla del consuelo.
—Nathan (San Francisco)

83.

En el reino de la angustia residimos,
Atados por las cadenas de nuestro sufrimiento,
Un reino de dolor, gobernado por la desesperación,
Nuestros súbditos, las sombras de la aflicción.
—Anna P (San Francisco)

84.

Una cascada de emociones, interminable,
Cada lágrima, un torrente de pesar,
En la cascada de la desesperación, permanecemos,
Inmersos en el flujo de nuestro dolor.
—Paul the Poet (Australia)

85.

Un jardín de tristeza cultivamos,
Plantando semillas de dolor, profundamente arraigadas,
Mientras nutrimos el crecimiento de la desesperación,
Nuestra cosecha, una abundancia de pesar.
—Homer Houston

86.

Cincelados por las manos del tormento,
Nos convertimos en una escultura del dolor,
Carvados en el mármol de la desesperación,
Un testimonio eterno de nuestro sufrimiento.
—Heather Dam (Sudáfrica)

87.

En la tempestad del desconsuelo navegamos,
Navegando por aguas traicioneras,
Golpeados por las olas de la angustia,
Nuestra brújula, un faro de esperanza escurridiza.
—Kertie (Londres)

88.

Un mosaico de dolor, roto y disperso,
Piezas rotas, un reflejo de tristeza,
En el espejo de la desesperación, contemplamos,
Un retrato de pesar, fragmentado.
—Percy (EE. UU.)

89.

Las arenas del dolor, deslizándose,
Un implacable conteo regresivo del dolor,
En el reloj de arena de la desesperación,
observamos,
El paso del tiempo, implacable.
—Garner Steve (Dallas)

90.

Mientras ascendemos la montaña del tormento,
La cumbre de la tristeza, siempre distante,
A través de las nubes de la desesperación,
escalamos,
Buscando consuelo desde las alturas del dolor.
—Nommy (California)

91.

En las sombras de la angustia permanecemos,
Fantasmas silenciosos, oscurecidos por el dolor,
Envueltos en el manto de la desesperación,
Nuestra existencia, un espectro inquietante.
—Ester Tor (California)

92.

En las alas del tormento volamos,
Surcamos los vientos de la desesperación,
Un vuelo de tristeza, sin límites y libre,
En el cielo sin fin de nuestro dolor.
—Umane (África)

93.

Una sinfonía de tristeza componemos,
El crescendo del dolor, siempre ascendente,
Nuestros instrumentos, afinados a la desesperación,
Una melodía de pesar, resonante.
—Veronica West (San Francisco)

94.

La fortaleza del dolor, inquebrantable,
Sus muros, impenetrables y fríos,
Dentro, habitamos, atrapados,
Por las cadenas de nuestro propio tormento.
—Maria (EE. UU.)

95.

"Emociones insoportables desde el corazón
Profundamente arraigadas incluso desde la mente
Sintiéndose difícil de expresar y reiniciar
Recuerdos trágicos desde atrás...
—Veronica Roma Pingol (Nightbutterfly)
Filipinas

96.

Llora el dolor de la lluvia
En aplauso de la tristeza
Disparado como una flecha
Para sangrar el corazón herido.
—Azeez Surajudeen Olatunde (Nigeria)

97.

Encanta toda la existencia, absorbe mi mente
Elegante y exuberante, tus expresivos ojos...
Expresa la emoción, más fácil y amable
Evoca la necesidad... tus ojos de océano.
—Som Majumdar (Calcuta)

98.

Tus dolores: mi puerto:
La razón por la que trabajo.
Tu altar mi ilusión de grandeza,
Y pone mi alma en esplendor.
—Akade Emmanuel, Nigeria

99.

Esas palabras no pronunciadas todavía están en mis labios.
Y mi pluma no sangró en la página en blanco.
Para competir, todavía no puedo subir a picos o acantilados.
Todavía encerrado en cerraduras, todavía encerrado en jaula.
—Gul Bakhti (Pakistán)

100.

Materia dolorosa
A la hora de la muerte de su hijo, su corazón lloraba en profundo pesar.
En su silencio, aceptó la humillación con la que el público escarneció a su hijo. Con el mayor dolor desde su interior brotó su maravilloso amor.
Porque, al principio, se entregó a la voluntad de Dios desde el cielo.

—Ivan D. Villaluz (Filipinas)

101.

El dolor es como un bebé
En mis brazos,
La alimento
Con todo mi corazón...

—Bharati Hazarika (Gauhati)

102.

Oculto en la psique de los seres humanos
El dolor es siempre como el almizcle del petricor.
Una lluvia torrencial de cosas dolorosas
Irrumpiendo desde el amanecer hasta el atardecer.

—Meenu Lodha (Mumbai)

103.

Nadie entenderá jamás mis tormentos emocionales,
dolores y angustias insoportables.
Ni al monstruo despiadado y anónimo llamado
depresión
contra el que lucho cada noche.
Siempre y cuando no haya sangre ni cortes ni
ningún indicio evidente de estrés,
se cree que soy esa chica fuerte y vivaz, llena de
vida y fuerza.

—Flourish Oke (Nigeria)

104.

Una entidad ajena. Habitando el espacio en el que
estoy,
Esta cosa amenaza mi ser mismo, exige atención.
Me estoy alejando de mí misma...
Este dolor dentro de mi cabeza no es más que una
adicción.

—Florence Rasmussen (Reino Unido)

105.

Una nueva puerta se abre con todo dolor,
Si permanecemos calmados y cuerdos,
No nos entregamos a la autocompasión en vano,
Dominamos nuestra mente para ganar.

—Jyotirmaya Thakur (Reino Unido)

106.

Tus estremecedores destellos de frío, abrazan mi cálido sol.
Encuéntrame algún día al atardecer,
Tú y yo y nadie más.
Una amalgama exquisita, diversión sublime de la naturaleza.
Deja que las estrellas sean testigos de nuestro amor, unión amorosa.

—Kumar Malay (Bhagalpur, Bihar)

107.

Mirando sueños destrozados. El dolor agotador grita.
Los días que parten, nunca regresan.
En el ardiente infierno, el caballete de las emociones arde.

—Gurjeet Kaur Ghuman (Jammu y Cachemira)

108.

"La agonía aprieta mi alma,
Cada aliento es una lucha por soportar,
El dolor es un invitado constante e indeseado,
Que me roba la paz, la certeza, y más."

—Sanjeev K. Sharma (Meerut, India)

109.

El dolor crecía con los años
Hasta que aprendí a equilibrarlo con sonrisas.
Mis lágrimas ya habían dejado de fluir.
Mi corazón se volvió sin emociones y dejó de experimentar.

—Dr. Harmeet Kaur Bhalla (Kanpur, India)

110.

Lágrimas que caen como una cascada,
Un diluvio de emociones desatado,
Mientras el corazón tiembla, tan frágil,
Bajo el peso del amor y la pérdida.

—Isha (Delhi)

111.

En el crepúsculo de nuestros recuerdos,
Vagamos, perdidos en las sombras,
Anhelando el calor de tiempos pasados,
Cuando la alegría y el amor iluminaban la oscuridad.

—Ishita Sharma (Delhi)

112.

El ruiseñor canta una canción melancólica,
Una serenata a la luna, melancólica,
Mientras las estrellas lloran por sus hermanos caídos,
En la vasta y silenciosa expansión de la noche.

—Kaladeep (Bangalore)

113.

Un jardín de rosas marchitas, cuidamos,
Sus pétalos, como lágrimas, caen a la tierra,
Una vez vibrantes y llenos de vida, ahora,
Un testimonio de la transitoriedad del amor.
—Miranjankavi (Chennai)

114.

Susurros de angustia, llevados por el viento,
Ecos de amor, una vez queridos y verdaderos,
Ahora los restos de una llama moribunda,
Tiemblan en las brasas de nuestras almas.
—Rahul Jain (Pune)

115.

En la galería de nuestro pasado compartido,
Cuelgan retratos de amor y risas,
Un testimonio de la alegría que una vez conocimos,
Ahora oscurecido por el velo de la tristeza.
—David D'Souza (Kerala)

116.

Las mareas de emoción suben y bajan,
Mientras las arenas del tiempo se deslizan,
Una vez una línea costera vibrante de amor,
Ahora una costa estéril de desesperación.
—Paraspratap (MP)

117.

En el capullo de nuestro dolor, habitamos,
Envueltos en el sudario de la angustia,
Anhelando la metamorfosis,
Emerger del crisálida de la tristeza.
—Ranjana Rao (Bengaluru)

118.

Mientras el sol se pone en nuestro amor,
El horizonte, pintado con lágrimas,
Observamos la luz que se desvanece, melancólicos,
Mientras la oscuridad de la pérdida nos consume.
—Munmun (Kolkata)

119.

En el precipicio de la angustia, estamos parados,
Mirando al abismo de la desesperación,
Anhelando el cálido abrazo del amor,
Mientras los vientos fríos de la pérdida nos azotan.
—Priya Singh (Lucknow)

120.

Un soneto de tristeza, grabado en nuestros
corazones,
Cada verso, un testimonio de nuestro amor,
En la tinta de nuestras lágrimas, escribimos,
Una declaración de nuestro inquebrantable dolor.
—Vijay M (Chennai)

121.

En el abrazo de la tristeza, permanecemos,
Consumidos por la sombra de la pérdida,
El frío toque de la desesperación, implacable,
Mientras anhelamos el calor del amor.
—Megha Yadav (TN)

122.

Los fantasmas de nuestro pasado, recuerdos que nos persiguen,
Huellas efímeras de amor y alegría,
Momentos fugaces, ahora perdidos en el tiempo,
Mientras recorremos el paisaje de la tristeza.
—Viresh Kumar (Hubli)

123.

El velo de la tristeza, se posa sobre nosotros,
Ocultando la luz del amor y la alegría,
Mientras navegamos por la oscuridad, anhelamos,
El calor de nuestro abrazo pasado.
—Lovely Gangwani (Hydreabad)

124.

La tormenta de nuestras emociones arde,
El rayo golpea, un destello de desesperación,
Mientras el trueno de nuestra angustia,
Resuena a través de la tempestad de la pérdida.
—Saroj Doshi (Hyderabad)

125.

Pétalos de tristeza, dispersos y esparcidos,
Una alfombra de dolor por la que caminamos,
La fragancia del amor, ahora desvanecida,
Mientras deambulamos por el jardín de la aflicción.
—Seema Bhargava (Rajasthan)

126.

En el abrazo de la noche, encontramos consuelo,
Un santuario del dolor de la pérdida,
La manta de la oscuridad, un bálsamo,
Para calmar nuestros corazones destrozados y cansados.
—Disha Sonkar (Selam)

127.

Mientras las arenas del tiempo, implacables, fluyen,
El río de nuestro amor, una vez vibrante,
Ahora reducido a un goteo de recuerdos,
En el paisaje árido de nuestra tristeza.
—Yogenadar Tomar (UP)

128.

El peso de nuestra tristeza, aplastante,
Una carga que soportamos mientras tropezamos,
Buscando la luz del consuelo,
En la vasta extensión de nuestro dolor.
—Sarika (UP)

129.

En el teatro de nuestras emociones, actuamos,
Una obra trágica de amor y pérdida,
Mientras se cierran las cortinas de la desesperación,
Hacemos nuestra última, melancólica reverencia.
—Brijesh (UP)

130.

En las orillas de la angustia, deambulamos,
Recogiendo las conchas de nuestros recuerdos,
Un recordatorio conmovedor del amor,
Que una vez floreció, ahora arrastrado por el agua.
—Sarah Author (Seattle)

131.

El cáliz de nuestra tristeza, rebosante,
Un elixir de dolor y desesperación,
Mientras bebemos profundamente de nuestro dolor,
Encontramos consuelo en el sabor amargo.
—Manoj Laal (UP)

132.

En los brazos de la noche, acunamos,
Los restos de nuestro amor, ahora fríos,
Mientras las estrellas lloran por nuestra tristeza,
Sus lágrimas iluminan la oscuridad.
—Avinash Badola (Bengaluru)

133.

El eco de nuestras risas, ahora en silencio,
Mientras las paredes de nuestra felicidad se derrumban,
En medio de las ruinas de nuestro amor, buscamos,

134.

Los cimientos de nuestra alegría compartida una vez.

—Manisha Agarwal (Hyderabad)

135.

El laberinto de nuestras emociones, atravesamos,
Cada giro, un nuevo camino de tristeza y dolor,
Mientras buscamos el consuelo del calor del amor,
En los pasillos retorcidos de nuestra angustia.

—Amarpal (Punjab)

136.

Las páginas de nuestra historia, manchadas de lágrimas,
Un crónica de amor y pérdida, escribimos,
Mientras la tinta de nuestro dolor fluye,
Plasmamos nuestro adiós a la felicidad.

—Rupali Das (Kolkata)

137.

Un réquiem por nuestro amor, componemos,
La melodía de nuestro desamor, inquietante,
Mientras las notas de nuestra tristeza resuenan,
Lamentamos la pérdida de nuestra alegría
compartida una vez.

—L Hawkins (Italy)

138.

En las profundidades de nuestra desesperación,
habitamos,
Sumergidos en el océano de nuestro dolor,
Mientras luchamos por la superficie,
Jadreamos por el aire del consuelo y la paz.

—Subu Mathew (Kerala)

139.

Las cadenas de nuestro duelo, implacables,
Atadas al peso de nuestra angustia,
Mientras luchamos por liberarnos,
De las cadenas del fin de nuestro amor.

—Sarthak Nodiyal (Tripura)

140.

El crisálida de nuestro dolor, abrazamos,
Mientras anhelamos las alas de la curación,
Para emerger, transformados y renovados,
Desde las profundidades de nuestra tristeza.

—Mehul (Haryana)

141.

En las cavernas de nuestra tristeza, deambulamos,
Buscando la esquiva chispa de la esperanza,
En medio de la oscuridad de nuestra angustia,
Destellos de consuelo, débiles y raros.
—Jai Singh (Gwalior)

142.

El péndulo de nuestras emociones, balanceándose,
En el mecanismo de nuestro dolor, oscila,
Mientras las manecillas del tiempo, implacables,
giran,
Somos testigos del paso del amor.
—Miteo Manak (Sikkim)

143.

El torbellino de nuestro dolor, incesante,
Un remolino de emociones que nos consume,
Mientras luchamos contra la corriente,
Desesperados por el ancla de la esperanza.
—Garima (UP)

144.

En el templo de nuestra angustia, nos arrodillamos,
Ofreciendo oraciones a los dioses del amor,
Buscando consuelo en su abrazo divino,
Mientras depositamos nuestro dolor en su altar.
—Ria (UP)

145.

El árbol de nuestro amor, ahora marchito,
Sus ramas, estériles y carentes de vida,
Mientras nos aferramos a los recuerdos de su florecimiento,
Lamentamos la desaparición de sus vibrantes tonalidades.

—Uday Roy (Delhi)

146.

Las cenizas de nuestra felicidad, dispersas,
Mientras los vientos del cambio las llevan lejos,
A raíz del fin de nuestro amor,
Buscamos consuelo en los restos.

—Hemal (Gujarat)

147.

Sobre las alas de nuestro dolor, volamos,
Ascendiendo a través de la tormenta de nuestro dolor,
Buscando consuelo en los cielos,
Mientras navegamos por la turbulencia de la pérdida.

—Wahid Khan (J&K)

148.

En los brazos de la melancolía, acunamos,
Nuestros frágiles corazones, magullados y golpeados,
Los restos de un amor una vez apreciado,
Ahora una colección de lágrimas y recuerdos.
—Simarjeet (Punjab)

149.

El velo de nuestra tristeza, un sudario,
Envolviéndonos en la oscuridad del dolor,
Mientras buscamos la luz del consuelo,
En las sombras de nuestra angustia.
—Boni (Delhi)

150.

Una sinfonía del dolor, dirigimos,
El crecimiento de nuestra tristeza, siempre ascendente,
Nuestros instrumentos, sintonizados con el dolor,
Una melodía embrujadora de desamor y pérdida.
—Hriday Verma (Delhi)

151.

Un hambre voraz en su vientre,
No le permitía dormir,
Por la mañana, la muerte del hambre
Lo hizo dormir para siempre.
—Sharadh (Bengaluru)

152.

Un dolor inmoral se clava en ambos flancos,
A quien amamos, un acantilado verdoso violeta bloquea nuestro camino,
Realizo llamadas amedrentadas a mí mismo, habiendo desaparecido hace mucho tiempo,
Aves salvajes derriban cada grito que lanzo.

—Fadil Oktay (Ankara)

153.

Tuvimos nuestros sentimientos vivos sellados
Sin una semilla viva
Que habría dado algunos frutos
De justificación de la verdad.

—Ikade Iorhile Emmanuel (Benue State)

154.

Te renuevas a tiempo para la primavera.
Aunque el hielo ha endurecido la hierba por mucho tiempo.
Más allá de los pantanos, las mareas altas retumban y estallan.
Balbuceando palabras de mar antes de que la mayoría de las aves canten.

—James Sutherland-Smith (Eslovaquia)

155.

Lágrimas para muchos
Desgarrando almas y vidas por separado
Algunos dicen dulces
Nunca pude comprender.
—Sai Prakash Kantamukkala (India)

www.ingramcontent.com/pod-product-compliance
Lightning Source LLC
LaVergne TN
LVHW091322150826
845673LV00006B/1730

* 9 7 9 8 8 9 1 8 6 3 7 3 6 *